KB143837

김불꽃의 불꽃 튀는 성인식

초판 1쇄 발행 2019년 12월 30일

지은이 김불꽃

펴낸이 조기흠
편집이사 이홍 / **책임편집** 송병규 / **기획편집** 유소영, 정선영, 임지선, 박단비
마케팅 정재훈, 박태규, 김선영, 홍태형, 배태욱 / **디자인** 이창욱 / **본문 삽화** 이주윤 / **제작** 박성우, 김정우

펴낸곳 한빛비즈 (주) / **주소** 서울시 서대문구 연희로2길 62 4층
전화 02-325-5506 / **팩스** 02-326-1566
등록 2008년 1월 14일 제 25100-2017-000062호

ISBN 979-11-5784-379-4 13320

이 책에 대한 의견이나 오탈자 및 잘못된 내용에 대한 수정 정보는 한빛비즈의 홈페이지나
이메일(hanbitbiz@hanbit.co.kr)로 알려주십시오. 잘못된 책은 구입하신 서점에서 교환해드립니다.
책값은 뒤표지에 표시되어 있습니다.

홈페이지 www.hanbitbiz.com / **페이스북** hanbitbiz.n.book / **블로그** blog.hanbitbiz.com

지금 하지 않으면 할 수 없는 일이 있습니다.
책으로 펴내고 싶은 아이디어나 원고를 메일(hanbitbiz@hanbit.co.kr)로 보내주세요.
한빛비즈는 여러분의 소중한 경험과 지식을 기다리고 있습니다.

김불꽃의 불꽃 튀는 性 성인식

김불꽃 지음

H 한빛비즈
Hanbit Biz, Inc.

일러두기

1. 이 책에 등장하는 의학 정보와 관련된 사항은 감수자 산부인과 전문의 김선영 선생님에게 자문 및 감수를 받았음을 알려 드립니다.
2. 맞춤법과 띄어쓰기는 한글 맞춤법에 따랐으나 일부 비속어나 표준어가 아닌 단어는 저자 고유의 문체를 위해 살려 두었습니다.
3. 본문에는 격앙된 심경 혹은 극적인 상황 묘사를 위한 다소 과격한 언어가 포함되어 있습니다.
4. 올바른 성(性) 인식에 대한 일부 표현은 저자의 개인적 경험에 의한 견해임을 밝힙니다.

누가 또 김불꽃을 화나게 했는가?

책 폈냐?

집중해라, 집중.

지금부터 상식 없는 새끼들을 위해 수고스러움을 자처하는 성교육 인트로 시간을 가지겠다.

먼저, 성(性)이란 무엇이냐.

우리 사회에서 대체로 성은

약자이면서 강자이고, 강자이면서 약자이다.

그 어떤 성별에게도 성은 무기가 되기도, 방패가 되기도 하며,

병이 되기도, 약이 되기도 한다.

이처럼 성이란, 우리 사회에서 양면성을 지닌 개념어로서

그 존재감을 행사해왔고, 때에 따라 엄청난 의미를 부여해왔다.

그러나 성은 강자도 아니고, 약자도 아니며,

수단도 아니고, 방법도 아니다.

성은 무기도 방패도 아니며, 병이 되지도 약이 되지도 않는다.

누군가에게 득이나 해를 끼칠 만한 영향력이 있는 존재도 아니다.

성은 그저 성일 뿐이다.

신체의 일부이자 사람의 성별을 구분짓는 육체적 특징이며, 특정 성별을 가리기 위한 도구 같은 존재에 불과하다는 말이다.

성은 성 자체로 아무런 힘이 없다.

성에게 힘을 싣고 권력을 불어넣는 것은 성 본연의 것이 아닌 우리 인간들이 짊어지워 준 무게일 뿐이다.

이차 성징이 오는 모공, 가슴, 생식기, 체형, 골격 등이 모두 네 몸의 일부이다.

즉 그것들은 각각의 기능을 하는 신체 기관이며, 인간의 몸을 구성하는 요소일 뿐이다.

자, 이제 생각을 전환한다.

성은 장기(臟器)다.

네 몸 속에 있으며 너의 육신을 구성하는 기능 기관 중 하나인 십이지장과 같다.

십이지장은 아름답지 않다.

십이지장은 성스럽지 않다.

십이지장은 신비하지 않다.

넌 십이지장이 아름답거나 성스럽고 신비롭냐?

똑바로 외워라.
성은 그저 성일 뿐이다.
산은 산이요, 물은 물이로다.
이게 무슨 뜻이냐?
산은 그저 산일 뿐이고, 물은 그저 물일 뿐이다, 이 말이야.

나는 생각한다. 고로, 나는 존재한다. 데카르트,
이게 무슨 뜻이라고?
생각하는 '나', 그러니까 그 '생각'을 행하는 주체가 바로 나이며
존재 그 자체라는 말이다.

성도 신체의 일부이자 남녀를 구분짓는 육체적 특징일 뿐, 그 어떤
의미부여도 하지 마라.

성은 성적 욕구, 사랑을 실현시키는 성스러운 신체의 일부다?
팅커벨 날자마자 모기약 쳐 뿌리는 소리하고 있다.

성욕과 사랑은 네 세포 덩어리와 호르몬 덩어리가 시키는 거지,
네 육체적 특징이 시키는 게 아니다.

고로,
성은 깨끗한 것도 더러운 것도 아니고,
아름다운 것도 추한 것도 아니며,
성스러운 것도 불경스러운 것도 아니고,
고귀한 것도 천박한 것도 아니며,
순결한 것도 불결한 것도 아니고,
우월한 것도 하찮은 것도 아니며,
그 자체로 보수적이지도 개방적이지도 않다.

인간은 누구나 차별화된 것을 좋아한다.
아니, 차별화된 '나'와 차별화된 '무리'를 좋아한다.
그렇기에 예부터 인간은 태생을 가르고, 신분을 가르고,
재물을 갈랐다.

더 가를 게 없어지니 비교적 눈에 띄는 성에 의미를 부여해 더욱더
부각시키려는 것이다.

하지만 지금이 어떤 시대냐.

21세기 최첨단의 시대를 걷고 충분히 개개인의 특성으로 차별화가 진행되고 있는데, 개성에 살고 개성에 죽는 21세기 호모스마트인들이 성으로 사람을 나누고 가르며 구분 짓고 틀에 옭아매고.

그런 짓거리는 이제 그만해야지.

왜 성 인식인가?

신분과 재물 따위를 분명하게 갈랐을 때도 좁힐 수 없는 고하가 존재했듯, 성별 또한 가르게 되면 귀하게 추대받는 성별은 더 높아질 수밖에 없고, 천하게 하대받는 성별은 더 낮아질 수밖에 없다.

즉 일단 한번 가르기 시작하면 걷잡을 수 없이 격차가 벌어지게 된다는 말이다.

부모는 부모대로,
성인은 성인대로,
청소년은 청소년대로,
아동은 아동대로 그 눈높이에 맞는 성 상식을,
격차가 벌어지다 못해 분리되기 전에 바로잡으려 한다.

대가리는 활짝 열고

두 눈깔은 똑바로 뜨고

아가리는 단단히 다물어라.

주목!

지금부터 성교육 들어간다.

성범죄 편

진심, 두려워하고 있을 너희들에게
"겁내지 말고, 내 말 똑바로 들어"

PART
3

아직, 궁금해하고 있을 너희들에게
"헛소리하지 말고, 내 말 똑바로 들어"

산부인과의 오해와 진실

비뇨기과의 오해와 진실

그 밖의 오해와 진실

PART

1

완전 당황해하고 있을
너희들에게

이차
성징편

"놀라지 말고,
내 말 똑바로 들어"

이차 성징

"어느 날, 갑자기, 모든 것이 바뀌었다."
"지나고 나면, 정말 별것도 아닌 건데."

남잔지 여잔지 구분 안 가는 머리는 크고 몸은 작은 츄파춥스 같은
유아기와 아동기를 거쳐 10대의 반열에 오르게 되면,
본격적으로 남성과 여성의 신체적 차이를 나타내는 성장 과정을
겪게 되는데, 이를 일컫는 말이다.

이 시기에는
남성과 여성 모두 골격의 변화와
몸의 변화가 일어나게 되는데,
변화가 일어나는 건 신체적, 정신적 변화지
남성으로서의 권력,
여성으로서의 권력 같은 걸 부여받는 게 아니니까
말 같잖은 쌉소리는 일찌감치 집어치워라.

1장 시작한다.
책 펴라, 책.

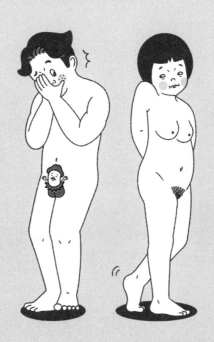

비발디의 <사계>처럼 은은하게
베토벤의 <운명>처럼 요란하게

___

이 시기에 신체적 변화로는 남성과 여성 모두 여드름이 날 수 있고, 겨드랑이와 생식기에 털이 날 수 있으며, 키가 커지고 몸무게가 늘어날 수 있다(*주의: 여드름이 나지 않는 피부 타입이거나 선천적으로 체모가 나지 않는 무모증인 경우도 있음).

정신적 변화로는 남녀 모두 사춘기가 찾아와서 외모, 이성, 성에 대한 호기심이 왕성해지고, 그에 따라 '나'라는 자아의식이 강해져 모든 것을 내 위주로 생각하게 된다. 희한하게도 이 시기는 자존감은 낮아지는데 자존심만 높아지는 시기다.

한마디로 '내가 난데─' 마인드를 장착하여 내가 아닌 주변의 말들은 단순히 염병 떠는 것으로 보인다는 말이다. 괜한 영웅심이란 게 생겨서 뒤에서 차가 빵빵거려도 오기로 객기로 일부러 천천히 처 가면서 비켜주기 싫고, 세지도 않은 게 괜히 센 척하고 싶고, 누가 잔소리하거나 지적하면 목소리는 개미 발길질하는 것 마냥 처 기어들어가면서 괜히 삐딱하게 자세 잡으면서 대꾸하고 싶고, 꼬투리 잡고 싶고, 내 말이 다 맞다고 하고 싶은 그런 시기가 찾아온다는 말이다.

남녀 모두 이런 도저히 눈뜨고는 못 봐줄 이차 성징이 공통적으로 찾아오지만, 신체적 변화의 차이점이라면, 남성은 눈에 띄게 목소리가 변하는 변성기가 오게 되고 목젖이 튀어나오게 된다. 반면 여성은 성장하면서 목소리의 톤이 바뀔 순 있지만 변성기라고 불리게 될 정도의 변화나 목젖이 튀어나오는 등의 큰 변화는 없다.

또 다른 변화는 남성은 어깨와 가슴 등 몸의 근육이 크게 발달하는 반면에 여성은 가슴과 엉덩이 등에 지방이 발달하게 된다. 덧붙여 남성은 몽정과 사정을 하게 되고, 여성은 냉이 나오고 월경을 하게 된다.

눈에 안 보이는 정신적 변화는 자신이 알아채기 힘들어도, 눈에 보이는 신체적 변화는 알아채기 쉽다. 이때 남들보다 성장이 빠르다고 해서, 남들보다 성장이 느리다고 해서 자신감을 하락시키는 일은 없도록 하자.

누구나 겪는 변화이니만큼 이런 과정들은 전혀 창피한 것이 아니니 움츠러들거나 두려워하지 말 것!

성인 편

아이고~. 개구리 올챙이 적 생각 못 한다고, 이 시기의 변화무쌍한 청소년들을 무슨 집구석에 기어 다니는 돈벌레 보듯이 하는 새끼들 꽤 있다.

사춘기가 꼭 10대 때만 온다는 법은 없다.

집에서 온실 속 화초처럼 가둬 키운 자식들 중에 소수는 아주 늦으면 20대 중후반까지 정신적인 성장통을 겪을 수 있다. 이미 몸은 이차 성징을 마쳤음에도.

주변의 관심과 도움이 이차 성징을 거치고 있는 친구들의 인격 형성에 지대한 영향을 미친다는 걸 명심해라.

나 는 부 모 다

아버님, 어머님. 이차 성징이 올 시기인 10대의 친구들은, 이 친구들 수준에 맞춰서 대화를 해야 합니다. 내 자식만 개망나니인 것 같지만 절대 그렇지 않습니다. 옆집 사는 철수와 영희도 마찬가지로 개망나니입니다.

말은 죽자고 안 듣고 말대꾸나 따박따박 해대서 갈아 마셔버리고 싶으시겠지만 참으셔야 합니다.

'머리가 굵어졌다'고 표현하는 시기인 만큼, 자존심 상하는 걸 죽기보다 싫어하는 자녀를 훈육할 때도 머리를 때린다든지, 따귀를 때리는 등 자존심을 박살내는 행위는 절대적으로 자제하셔야 한다는 말입니다.

물론, 모든 체벌은 자제하셔야 하겠지만 목 아래 부위, 즉 등짝 스매싱 같은 체벌은 자녀가 크게 기분 나빠하지 않는 반면, 목 위를 체벌하는 행위를 하시면 자녀는 '내 자존심을 건드렸다'고 생각하기 때문입니다.

옆집 철수는 공부도 잘하고 뭐도 잘하고 어쩌고저쩌고~.

안 됩니다.

비교도 절대 금물입니다. 말씀드렸듯이 옆집 사는 철수와 영희도 그 집에서는 개망나니가 따로 없다는 걸 명심하셔야 합니다.

밖에서 어른들끼리 비즈니스적으로 대하듯이 자녀와 대화를 시도하면 자녀는 이해하지 못합니다.

자녀가 심한 방황과 갈팡질팡 질풍노도의 시기를 거치고 있다면 무작정 다그치기보다는 자녀의 생각을 먼저 물어봐주시고, 이성보다는 감성에 먼저 공감하면서 대화의 포문을 여셔야 합니다.
다짜고짜 죄인 취급하며 포문을 여셨다간 피 봅니다. 분명히 말씀
드렸습니다.
또, 자녀가 신체적 변화로 인해 고민하고 좌절할 땐 그 누구보다 부
모님께서 먼저 그것은 자연스러운 현상이고, 누구나 겪는 일이라는
것을 항상 상기시켜 주셔야 합니다.

자녀가 수염이나 여드름이 과하게 나서 스스로를 흉측해할 때, 겨
드랑이와 생식기의 털이 수북하게 나거나 전혀 나지 않아서 창피해
할 때, 가슴이 커져서 자세가 움츠러들고 수치스러워할 때 등 급작
스러운 신체 변화로 당황한다면 무엇보다 자녀의 자존감과 자신감
을 높여주는 것이 가장 중요합니다.

"여자애가 얼굴이 그게 뭐니? 관리 좀 하라니까!"
"어릴 땐 그렇게 예쁘더니 쟨 누굴 닮아서 외모가 저래?"
"남자애가 저렇게 덩치가 작아서야, 쯧!"

제~발요. 아버님, 어머님.
가뜩이나 민감하다 못해 온 신경이 철수세미 같은 아이들입니다.
이 시기에 오히려 자녀를 나무라거나 면박을 주면서 수치심을 안겨

준다면, 훗날 자녀는 분명 부모가 살아계셔도 조실부모했다고 생각하게 될 겁니다.

위의 상황과 반대로 이런 경우도 있습니다.

"사춘기가 뭐예요? 우리 애는 순해서 그런 적 없어요."

아이고~ 아버님, 어머님 사춘기가 안 오긴 왜 안 옵니까. 일찍 오냐, 늦게 오냐, 심하냐, 안 심하냐의 차이일 뿐입니다.

아이의 이차 성징이 더디면 '우리 아이는 원래 순해요' 할 게 아니라 자기관리나 신체적, 정신적 변화 인지와 교우관계, 그리고 이성과 성에 올바르게 관심을 가질 수 있게 도와주셔야지요.

더러더러 이차 성징이 성인 이후로 아주 늦게 오는 친구들도 있는데, 더더욱 적극적으로 도와주셔야 합니다.

이 시기의 자녀들은 부모님보다 친구가 더 좋아야 하고, 집 앞 슈퍼, 아니 대중목욕탕에 갈 때도 대중이 있다고 대가리 손질을 해야 정상인 시기입니다.

별 게 도와주는 게 아닙니다.

일부러라도 친구들과 어울려 놀게끔, 외모의 변화를 알아채고 자존감 형성 및 청결 유지와 상황에 맞는 TPO를 장착할 수 있게끔, 주변 이성친구들에게 호감을 가질 수 있게끔, 또 이성에게 생기는 호감이 무엇인지 알 수 있게끔 환경을 만들어주셔야 합니다.
(단, 호감이 있는 대상에게 무분별한 신체접촉 행위나 성적으로 모욕감을 주는 행위 등은 절대 안 된다는 것을 강하게 인지시켜 주셔야 합니다.)

이차 성징이 오기 전부터 내 아이는 착한 아이, 내 아이는 말 잘 듣는 아이, 내 아이는 성실한 아이라는 고정관념에 갇혀 거기서 한 치라도 어긋나면 몸서리치는 부모님들, 분명히 계십니다.

가방 및 소지품 검사, 휴대전화 검사, 외출 금지, 귀가 시간 통제, 친구관계 제한 등등 다 하지 마세요. 아이의 인격을 철저히 무시하는 행위입니다.

아버님, 어머님. 잘 들으세요.
이차 성징. 신체적 변화, 정신적 변화 다 이해하실 겁니다.
그런데 그보다 중요한 것은 자녀의 인격 형성 아니겠습니까.

내 아이가 집 밖에 나가서도 부모님만 찾고, 부모님이 없으면 아무

것도 못 하는 바보가 되길 원하십니까?

결코 아닐 겁니다.

이차 성징은 내가 누군지, 내가 좋고 싫은 건 뭔지, 나의 꿈은 뭔지, '나'를 찾아가는 자아 형성의 시기라고도 합니다.

자아 형성할 시기를 다 통제해놓고 나중에서야 "넌 왜 그 모양이니" 하시는 상황이 분명히 발생할 겁니다.

판단력이 흐려지고, 반항만 하고 싶은 자녀들에게 청소년이 하면 이롭지 않은 행동들에 대해 방향성을 잡아주거나 방법을 바로잡아 줄 수는 있지만, 또 너무 심각하게 받아들여서 품 안의 자식이랬다고 진짜 품 안에만 가둬두고 아이를 강하게 통제하려는 것도 절대 안 됩니다.

나는 성인이다

주변에 이차 성징을 거치는 청소년들을 보면 뭐 저런 호쌍새가 다 있나 싶겠지만 그냥 가만히 있어라.

괜히 어른의 위엄을 보인답시고 어설프게 애들 부모 들먹여가며 자존심 깎아내리는 식으로 훈계했다간 그 친구들 넘쳐나는 아드레날린과 축적된 영웅심에 니 몸이 성치 않을 거다.

성인이라는 새끼들이 자라나는 애들의 외모 평가나 처 하고 있고, 남의 새끼한테 막말이나 하고 잘~ 하는 짓이다.

특히 아이들을 다루는 직업군에 속해 있다면 더더욱 조심해야지. 아이들을 차별하는 행위, 무시하는 행위, 조롱하는 행위 다 처 하지 마라. 분명히 얘기했다.
같이 잘못했으면 같이 혼내고, 같이 잘했으면 같이 칭찬해야지. 누구는 혼내고 누구는 칭찬하고, 참 신발(신발족 같은 종족 표상이 있는 것일까). 애들 밟고 무시하면 니 위상이 올라가냐, 새끼야?

자존심에 죽고, 자존심에 사는 애들이다.
좋은 어른 소린 못 들어도 나쁜 어른이란 소리는 안 들어야지, 인마.
훈계를 해도 아이들이 수긍할 수 있는 범위 내에서 해라.

"난 그냥 니 생김새가 싫어, 새끼야." (×, 뭘 잘못 처먹었나, 이씨-.)
"너 이런 식으로 나온다 이거지? 너 때문에 다 벌 받는 거야." (×, 서울로 어학연수 처 가는 소리하고 있네.)
"니 부모가 그따위로 하라고 시키디?" (×, 굉장하네.)
"니가 내 기분을 상하게 했기 때문에 너만 벌 받는 거야. 알겠어?" (×, 아으 입이 아프다 새끼야.)

어디서 이 따위 엿 같은 소리를 남발하고 있어?

애가 뭘 잘못했는지, 뭘 잘못해서 무슨 벌을 받는지, 이 벌이 과연 합당한지부터 먼저 인지시켜 줘야지. 뭘 부모 생존 여부부터 시작해서 애 인격살인까지 아주 다양하게 관철시켜 버리네.
대단하다, 새끼야.

벌써부터 어른이 엿 같다는 인식을 심어주면 애가 뭘 보고, 뭘 들으면서 뭔 인격 형성을 뭘 어떻게 제대로 할 수 있겠냐.
꽃 같은 소리만 들어도 모자랄 시기에 엿 같은 소리만 처 늘어놓으면 안 되지.

우리 진짜 아주 조금만 대가리 정비하자. 알겠지?
명심해라. 섣부른 훈계보다 이해가 먼저다.

청소년 편
그래, 인마. 안다. 너는 지금 이차 성징을 겪고 있다.

머리털부터 시작해서 항문 털까지 다양하게 몸의 변화가 일어나고,

'나는 왜 태어났는가'라는 질문을 시작으로, '미생물의 세계와 우주의 팽창은 어떤 연관성이 있을까'까지 다양한 탐구 과제를 고민하고 있으려니 몸과 마음이 아주 분주할 거다. 이해한다.

한 다리 위 선배 말은 법처럼 여기면서 부모님이나 주변 어른들 말씀은 개똥차반으로 여기는, 요런 아~쭈 귀여운 새끼들아.

"아빠, 엄마가 나한테 해준 게 뭔데?"

"왜 날 태어나게 했어?"

"누가 이딴 집구석에서 살고 싶대?"

"아저씨, 아줌마가 뭔데요? 아저씨, 아줌마가 우리 아빠, 엄마라도 되세요?"

"우리 부모님도 뭐라고 안 하시는데요?"

아우~. 개소리가 참 맛깔나다 못해 아주 날이 갈수록 짭조름해진다, 이 새끼야.

그래도 이해한다. 조금만 자제하도록 해보자. 참는 법도 길러놔야지, 인마.

남들이 니 외모를 비하하고, 이성에 대한 호감을 비웃고, 성에 대해 조롱하냐?

그렇다면 느그들이 잘하는 개무시를 하도록 해보자.

그거 일일이 다 새겨들어봤자 니 인생에 하등 도움도 안 된다.

그럴 시간에 부모님 말씀, 주변 조언이나 처 새겨들으라고 말하고
싶다만, 어차피 안 들릴 거 아니까 생략한다.

네가 지금 겪고 있는 현상은 전 세계 지구촌 사람들 누구나 겪는 현
상이니까 너무 심각하게 받아들이지 말고, 스스로 자존감 깎아먹지
도 말고, 그렇다고 너무 뻗대고 다니지도 말고 그렇게 자연스럽게
시행착오를 겪으면서 어른이 되는 거라고 생각하고 당당하게 어깨
펴고 다녀라, 이 사랑스러운 자식들아.

그럼에도 불구하고, 우리 이거 하나만 명심하자.

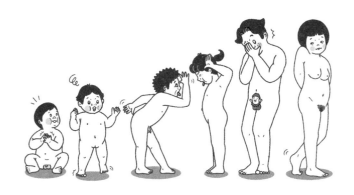

부모님이나 주변 어른들이 너를 혼내거나 조언해주는 건 널 싫어해서가 아니라 널 사랑하기 때문이다. 네가 너무 망가져 버려서 개망나니 같은 인생을 살게 될까 봐. 본인들이 겪은 아픔과 차별을 내 자식은 겪지 않았으면 하는 마음에, 어떻게든 올바른 방향으로 이끌어주고 싶어서 그런 거니까 제발 오해하지 말아다오.

사춘기라고 봐주는 것도 한계가 있으니 두 번 다시 돌이킬 수 없는 반인륜적인 실수는 하지 않으리라 믿는다.

너무 길면 또 잔소리한다고 지랄할 게 뻔하니까
이쯤 한다.
이상.

성조숙증(사춘기 조숙증)

긴장 풀어라.

번외다.

자, 성조숙증이란 무엇이냐.

여자 아이 만 8세 미만, 남자 아이 만 9세 미만의 나이에 이차 성징이 오는 것, 정상적인 나이대보다 한참 빨리 이차 성징이 오는 경우를 말한다.

나는 부모다

자녀 나이 아직 미령한데 몸의 성장이 남들보다 유난히 빠르다면 주저 없이 병원에 내원하시기 바랍니다. '사춘기가 조금 빨리 오나 보다', '성장이 조금 빠른가 보다' 하고 방치해둔다면 자녀는 외적으로나 내적으로도 많은 부담을 느낄 겁니다.

성조숙증이 찾아오게 되면, 신체적으로는 자녀의 체격이 또래 아이들보다는 크지만, 커가면서 성장판이 일찍 닫히게 되어 신장(키)이 부모의 신장에 미치지 못하는 경우가 많습니다.

또 정신적으로는 또래 아이들과 달리 몸의 변화로 인해 학교생활 중 또래 아이들과 트러블이 생길 수 있다는 점, 또 자녀가 그로 인해 극심한 고통에 시달릴 수 있다는 점을 참고해주십시오.

진단을 받고, 호르몬 치료를 받는 기간도 깁니다.
때문에 그동안 아이는 주위 친구들이 조롱해도 세상 어디에도 없는 내 편, 즉 부모님으로부터 많은 격려와 응원을 필요로 합니다.

꼭 명심하세요.
다른 무엇보다 자녀의 자존감과 자신감이 최우선입니다.

나는 성조숙증이다

유방이 커지고, 음경이 자라고, 음모가 나게 되면서 극심한 고통에 시달리고 있을 것을 안다. 신체적 변화야 무에 그리 중요하겠느냐만, 아무래도 주변 또래 아이들의 시선이 많이 신경 쓰일 것을 안다.

자, 그만 울적해하고.
남들보다 조금 일찍 몸의 변화가 찾아왔을 뿐이잖아.
주변에서 놀려대는 네 또래 친구들도 어차피 몇 년 지나면 자동적으로 이차성징이 온다. 전혀 신경 쓸 것 없다.

지금부터 주문을 왼다.

'오롯이 나에게만 집중할 것!'

자다가도 툭 치면 자동으로 튀어나올 정도로 달달 외운다, 실시.

나는 비성조숙증이다

"가슴 개 크네. 한번 만져보자."

"너 고추 크다며? 보여줘."

"거시기 털 좀 봐."

또, 또 단전에서부터 욕 끌어 차오르게 만드네, 어! 또!

어디서 이렇게 지랄을 또 사력을 다해 떨고 있어?

주변에 성조숙증 환자가 있다면 늘 사랑과 애정으로는~ 개뿔.

무관심이 답이다.

무시하란 말이 아니다.

쓸데없는 너의 그 호기심과 일진놀이에 이용하려 들지 말라는 말이다.

성조숙증을 앓고 있는 아이들이 주변 새끼들 때문에 힘들어하고 있다면 곁을 지켜주거나 수영장 같은 탈의와 노출을 필요로 하는 장소에서 배려 정도는 해도 좋다.

생리

"헐, 나 죽는 거 아님?"
"내 몸에서 뭔 일이 일어나는 거야!"

여성은 이차 성징을 하게 되면서 자궁이 발달하게 되는데,
이때부터 임신을 준비(착상 준비)하기 위해서 주기별로 자궁내막이
두터워지게 된다. 이때 자궁내벽에 수정란이 착상하지 못하면
두터워진 자궁내막이 저절로 탈락하여 몸 밖으로 배출되는데
이때 발생되는 출혈을 생리라고 한다.

본인이 겪는 일임에도 불구하고
생리 주기가 며칠인지, 배란이 뭔지,
아주 생리에 대해
개념조차 잡혀 있지 않은,
대가리를 인테리어로 들고 다니는 새끼들 꼭 있다.
지금부터 진짜 기본 개념만 알려준다.
머릿속에 딱 박아 넣어라.

2장 시작한다.
책 펴라, 책

내 몸에서 일어나는 일은
제대로 알자!

———

생리에 생자도 모르는 녀석들도 똑바로 들어.

생리를 무슨 즙 짜는 것 마냥 원할 때 싸고 참는 줄 아는 정신머리

쉬어빠진 새끼들도 기가 막히게 꼭 하나씩 있더라.

이런 새끼들은 아가리만 꾹 다물고 가만 있으면 중간은 가는데 꼭

아가리를 털어서 매를 벌어요.

생리는 이런 거다!

◇ 생리 시기: 약 만 13세에서 50세 전후

◇ 가임기: 난자가 배란되어 임신 가능한 시기, 초경이 시작되는 나이부터 폐경이

　　되는 나이까지 올 타임 가임기다.

◇ 배란기: 생리예정일 14일 전(예를 들어 생리주기가 28일이면 생리시작일 14일 전

　　후, 이때 배란통이 발생할 수 있음)

◇ 생리 주기: 사람마다 천차만별이라지만 대략 28일로 가정한다. 21~35일 사이

　　면 정상이다.

◇ 생리 기간: 대략 3~5일간으로 가정한다. 2~7일까지도 정상이다.

◇ 생리통: 떨어져 나오는 자궁내막 조직을 밖으로 밀어내야 하기 때문에 자궁을

수축시키는 호르몬이 분비된다. 그 과정에서 아랫배를 쥐어짜는 듯한 고통이 유발되는데, 고통이 극심한 사람이 있는가 하면, 통증이 거의 없는 사람도 있다. 간혹 생식기가 붓고 고통이 발생하는 사람도 있다(*주의: 편두통, 복부 팽만감, 메스꺼움, 유방 압통 등의 증상이 발생할 수 있다).

생리의 '생'자만 나와도 18년 전 옛지랄까지 다 떨어버리는 상상력 풍부한 새끼들아.

생리는 야한 게 아니다.

밥 처먹으면 똥 싸는 게 당연하듯이 난자가 착상되지 않고 탈락하면 당연히 생리가 나오는 거다.

생리혈 보고 눈이 돌아서 헥헥 대는 별 이상한 새끼들도 더러더러 있더라, 참.

생리한다고 놀리는 새끼들, 생리 냄새 난다고 놀리는 새끼들, 생리대 가지고 생지랄을 떠는 새끼들 등등.

생리대 소, 중, 대 사이즈가 여자 생식기 크기라고 맹신하는 새끼들도 마찬가지야, 인마.

지 성기 사이즈대로 팬티 사이즈가 결정된다고 했으면 생 지랄을 해도 벌써 했을 새끼들이 참 남 말하기는 더럽게 좋아해요, 아주.

생리대는 생식기 사이즈가 아닌, 생리혈의 양으로 선택한다.

이 이상 토 달지 마라.

책 덮지 마라-.
니 얘기야, 인마.

성인 편

성인이면 남녀고하를 막론하고 서로의 신체 구조 및 신체 변화는
좀 숙지해라.

내가 겪는 일도 모르는 사람도 문제가 많지만, 내가 겪는 일이 아니
라고 해서 태무심하고만 있는 사람도 마찬가지로 문제가 많다.
본인 스스로 '내가 생리에 대해 잘 모른다-' 싶으면 가타부타는 집
어치워라. 본문만 달달달 외워도 중간은 간다. 명심해라.

나는 부모다

자녀가 성장기에 들어서면 남아, 여아를 불문하고 철저한 교육과
관리가 필요한 시점입니다.
생리대 착용법부터 그 과정과 주기 계산, 통증과 기분 변화 등 자녀
가 겁먹거나 허둥지둥하지 않도록 각별히 신경 쓰셔야 합니다.

가장 기본적으로 빤스에 피나 묻히고 다닌다고 칠칠맞지 못하다고 경멸해도 절대 안 되지만, 생리 파티를 하는 등 생리를 너무 신성시하고 경이로운 일이라고 각인시키는 것도 그리 좋은 방법은 아닙니다. 생리불순이나 문제가 생겼을 때 자칫 자녀가 지나치게 큰 상실감을 느낄 수 있기 때문입니다.

여아의 경우, 생리의 기본 개념부터 생리대 착용법과 뒷처리까지 차근차근 혼란스럽지 않게 가르쳐주세요.
남아의 경우, 여성의 생리에 대해 알려주세요. 나이가 미령해 어떤 부분을 배려해야 하는지 모를 때에는 가르쳐주시는 것이 좋습니다.

나 는 비 부 모 다

기본적인 생리 개념을 모른다기보다는 생리불순과 같은 문제에 대해 잘 모르는 경우가 많을 거다.
생리가 늦어진다든지, 생리 주기가 일정치 않다든지, 생리 양이 지나치게 많다든지 하는 경우엔 커뮤니티 사이트에 글 올려서 물어볼 시간에 주저 없이 병원에 가면 된다. 혹시 배울 기회가 없어서 성인임에도 불구하고 생리에 대한 지식이 별로 없다면 누구한테라도 주저없이 물어봐라. 병원을 방문해도 좋고, 이때는 인터넷 검색을 해봐도 좋다. 모른다고 다 무식한 게 아니다. 모르면서 알려고 노력도 안 하는 게 진짜 무식한 거다. 명심해라. 모르면 배우면 된다.

청소년 편

어서 와라. 생리는 처음이지?

자고 일어나 보니, 혹은 활동 중에 갑자기 팬티에 피가 묻어서 많이 당황했을 거라고 생각된다.

그러나 당황할 필요 없다.

아주 자연스러운 현상이니까 겁먹지도 말고, 창피해하지도 마라.

위에서부터 차근히 읽어 내려왔다면 생리가 뭔지 기본적으로 알 거라고 믿는다.

우선 생리를 시작하게 되면, 생리전증후군이라고 해서 기분이 오르락내리락 하게 되고, 신경이 예민해진다.

심하면 인생에 대한 회의감마저 들 수 있다. 이때는 감정을 잘 컨트롤할 수 있도록 기분전환을 할 수 있는 취미활동이나 충분한 휴식을 갖는 것이 중요하다.

컨트롤하지 못할 경우엔 생리 도벽까지 발생할 수 있는데, 아무리 법에서 배려하고 있다지만 그렇게 되지 않도록 본인 스스로가 컨트롤하는 것이 가장 중요하다. 명심해라.

본격적으로 생리가 시작되면 흡사 굴을 낳는 것 같은 느낌이 들 수 있는데, 생리는 피만 나오는 게 아니라 자궁내막 조직이 같이 떨어져 나와서 그런 느낌이 드는 거니까 크게 걱정하지 마라.

여성용품의 종류는 생리대(팬티라이너, 일반형, 날개형, 오버나이트, 면 생리대 등), 탐폰, 생리컵 등이 있는데, 남 눈치 보지 말고 니가 가장 쓰기 편한 것으로 골라 쓰면 된다.
그 중에서도 가장 많이 쓰는 생리대 사용법은 다음과 같다.

생리 양에 따라 팬티라이너나 생리대 소, 중, 대형을 고른다. ⇨ 생리대 포장지에 부착된 스티커를 손으로 천천히 잡아 뜯는다. ⇨ 포장지를 벗겼을 때 드러나는 생리대를 잡고 나머지 포장지도 뜯는다. ⇨ 팬티에서 생식기가 닿는 부분에 라인을 따라 생리대 중앙 면을 먼저 부착한다. ⇨ 생리대 앞뒷면을 모두 부착한다. ⇨ 팬티를 입는다. ⇨ 2~3시간에 한 번씩 갈아준다. ⇨ 다 쓴 생리대는 새 생리대의 포장지를 활용해 함께 말아서 버리거나, 생리대가 펼쳐지지 않도록 화장지로 말아서 버리도록 한다.
너희들은 똑똑하니까 금방 알아들었을 거라 믿는다.

혹여나 이전에 잘못된 방법으로 생리대를 사용했더라도 지금 알았
으니 된 거다. 자책하지 마라.

그리고 생리 중에는 대중목욕탕이나 수영장을 이용하지 않는 게 베
스트다.

남에게 불쾌감을 선사할 수 있고, 결정적으로 생리 중엔 자궁내막
조직이 배출되어야 하는데 생식기가 물에 닿으면 압력으로 인해 일
시적으로 생리가 멈출 수 있다. 그리고 배출되어야 하는 타이밍에
많은 사람이 이용하는 물이 질 속으로 들어온다면 각종 유해균들도
함께 침투할 수 있기 때문에 가급적 삼가는 게 좋다.

생리는 부끄러운 일도 아니고, 창피한 일은 더더욱 아니니까 아버

지를 아버지라 부르지 못하는 홍길동 마냥 생리를 생리라 부르지 못하는 일은 없도록 하자.

대신 다 쓴 생리대를 화장실 내벽에 붙여놓는다든지, 생리혈을 고의로 사방팔방 묻혀 생리한다고 광고하는 등의 전시 행위는 제발 자제하도록 하자.

지금까지 그렇게 해왔다면 지금 당장 대가리 박고 반성하도록 하고. 생리가 부끄러운 행위가 아닌 것과는 별개로 남에게 피해는 주지 말아야지, 인마.

생리대는 필요할 때 없으면 불편하니까 미리미리 챙기는 거지, 수치스러워서 챙기는 게 아님을 명심하고!

아, 간혹 남이 쓰고 버린 생리대 펼쳐서 냄새 맡고 간직하는 희대의 변태 새끼들이 있는데, 니가 들이쉬는 공기 중에서 미세먼지 빼고는 다 아까우니까 그냥 죽도록 하고.

다음 장으로 넘어간다.

폐경(조기 폐경)

긴장 푸세요.
번외입니다.

자, 폐경이란 무엇이냐.
여성에게 있어서 생리가 임신이 가능함을 의미한다면, 폐경은 임신이 불가
함을 의미합니다.
폐경은 자궁과 난소가 장기로서의 기능을 다했다는 말입니다.
장기로서의 기능을 상실한 것은 맞지만, 슬퍼할 이유는 없습니다.

충수돌기(맹장)를 떼어냈다고 인생이 끝났다는 듯 세상이 떠나가라 슬퍼하지 않듯이, 마찬가지로 장기로서의 기능을 다했다고만 생각을 했으면 하는 바람입니다.

폐경이 오게 되면,

아시다시피 더 이상 난자가 배출될 수 없어 매달 규칙적으로 발생하는 월경이 끊기게 되고, 더불어 임신도 불가능하게 됩니다.

여성호르몬 수치도 현저히 떨어지게 되는데, 이때 가장 신경 써야 하는 것은 골다공증입니다. 그리고 심혈관계 질환, 유방암, 위축성 질염과 그외 증상들이 찾아올 수 있으니, 폐경이 온 여성이라면 지금부터 건강관리에 힘써야 합니다.

여성으로서의 삶이 끝났다고 생각해 지나친 우울감과 자존감 하락이 찾아오는 경우가 상당합니다. 하지만 여성으로서의 삶과 사람으로서의 삶이 별개가 아니듯, 정상적으로 폐경이 온다는 기준으로 봤을 때 남은 인생을 어떻게 건강관리를 하며 살아가야 할 것인지에 대한 고민을 하는 것이 더 효율적이란 것을 명심해주십시오.

Feat. 조기폐경

조기폐경은 만 40세 이전에 폐경이 진행되는 경우를 말하는데, 아직 혼인

전이나 혼인 후 자녀계획이 있을 시 조기폐경이 진행되면 극심한 불안감과 상실감, 또 우울감이 발생하게 됩니다. 가장 우선적으로는 병원에 내원해서 본인의 몸 상태를 체크하고 정신적인 스트레스를 해소한 후, 정상적으로 폐경이 온 여성과 마찬가지로 건강관리에 힘쓰는 것이 좋습니다.

임신과 출산, 그리고 양육이 하나의 목표이자 꿈, 더 나아가 소원이었을 여성들도 많기에 그 심정을 감히 헤아릴 수는 없습니다. 하지만 더 나은 삶과 더 나은 가치를 향해 노력하는 것이 삶의 질을 향상시키는 데 훨씬 도움이 될 것이라고 감히 생각합니다.

파이팅입니다.

생리에 대한 잘못된 상식을 전파시키는 새끼들,

지가 무슨 산부인과 병원장이라도 되는 양

멋대로 진단하고 다니는 새끼들아.

뭣도 모르면서 아는 척하지 말고,

모르면 설치지 말고,

응?

몽정

"내가 색마인가, 변태인가?"
"아, 이게 자연스러운 거구나."

꿈 몽(夢) 자를 써서 몽정이라 하는데, 꼭 성적 흥분을 유발하는 꿈을 꾸고
사정하지는 않지만, 수면 중에 사정하는 것은 맞다.
이 몽정은 어른, 아이 할 것 없이 성욕 생리 조절 현상으로
성욕이 자위행위나 성관계로 인해 해소되지 않으면 달에 2~3회 정도는
하는 것이 정상이니까 걱정할 필요가 전혀 없다.

자고 일어나니 아랫도리가 찝찝할 거다.
당황할 필요 전혀 없다.
이처럼 몽롱한 사정을 했다면
나도 이제 성장했구나를
깨달으면 만사오케이다.

3장 시작한다.
책 펴라, 책.

발기 찬 아침,
아니, 활기찬 아침!

———

가족 간에도 들키기 싫어서 오밤중에 팬티 빨고 앉았거나, 군대 등 단체생활을 할 때 몽정을 하게 되면 극도로 수치스러워하는 경우가 있는데, 아주 지극히 자연스러운 현상이니까 전혀 부끄러워할 필요가 없다.

몽정한다고 조롱하는 새끼들은 대가리에 꿀밤 놓으면 깡 소리 나는 새끼들이니 아예 상종을 하지 마라. 가치 없다.

몽정 전후로 '내가 너무 색을 밝히는 게 아닌가, 내 정신보다 내 몸이 빨리 성장하여 몸이 마음을 지배하게 될지도 모른다'는 무의식적인 두려움이 들기도 한다. 몸이 먼저 변화하고, 그 변화를 이성으로 관찰하게 되다 보니 그럴 것이다.

무엇보다 그게 자연스러운 일이고, 건강한 일이라는, 일어날 때가 되어 일어난 변화라는 것을 스스로 인식하고 다독거리는 것이 최선이다.

'나도 몸을 잘 다뤄야겠다'라고 생각하고 그리 처신한다면 매우 훌륭한 일이다.

성인 편

사춘기를 겪고 있는 청소년에게 "넌 사춘기여서 그래"라는 말처럼 듣기 싫고 반항심을 향상하는 말이 또 없습니다. 몽정이나 발기의 경우도 그걸 직접적으로 거론하여 희화하거나 "난 다 겪어봤어"라는 태도로 말하는 어른의 말을 새겨듣는 애들은 없습니다.

변화의 시기를 겪고 있는 사람에게는 "너는 변화의 시기를 겪고 있는 중이다. 중요한 순간이고 의미 있는 순간이니 자신을 잘 살펴라"는 정중한 조언이 오히려 도움이 될 것입니다. 한마디로 성장했으니 대우해주면서 그에 맞게 처신하게 하면 됩니다.

나는 부모다

자녀가 성장기에 들어서면 남아, 여아를 막론하고 철저한 교육과 관리가 필요한 시점입니다.

몽정을 부끄러운 것으로 인식한다면 아이가 위축되거나 잘못된 성적 해소법을 익힐 수 있습니다.

또한, 몽성하는 것을 조롱하는 등 상대방에게 불쾌감을 줄 수 있는 배려 없는 행위를 할 수 있으니 각별히 주의하셔야겠습니다.

하라는 공부는 처 안 하고 이상한 상상이나 하고 앉았으니, 몽정을 하는 게 아니냐는 식의 다그침은 절대 금물입니다.

XY염색체를 지닌 남성이라면 누구나 겪는 일이라는 것을 인지시켜 주시고, 당황하지 않고 해결하는 법과 올바른 성적 욕구 해소법을 일러줘야 합니다.

*이차 성징이 시작되면서 발기도 함께 일어지나니 아이가 기상 시 이불을 강제로 들춰 깨우지 마시고, 아이 스스로 일어나도록 배려해주세요. 아이에게 여자 형제가 있다면 마찬가지로 주의를 시키는 것이 좋습니다.

나는 비부모다

성인씩이나 돼서 아직도 몽정만 했다 하면 낯부끄러워하고 감추려고 애쓰는 어리석은 자식들아.
다시 한번 말한다.
몽정은 정상적인 생리 현상이다. 그 누구도 부끄럽게 여길 수 없고, 수치스럽게 바라봐서는 안 된다.
명심해라.

네가 부끄러워하는 순간, 네 주변 모든 청소년과 성인이 몽정을 부끄러워할 거다.

잦은 몽정이 고민이라면 운동과 명상을 통해서 성욕을 다스리는 것도 좋지만, 해소하는 것도 중요하다. 그렇다고 성매매를 통해 해소하라는 게 아니다, 이 새끼야.

되도록 자위행위나 정상적인 성관계를 통해 해소하되, 너무 과한 자위행위나 지나친 성관계는 네가 일상에서도 야한 상상을 하다 몽정(또는 사정)을 하게 될 수 있으니 자중하고.

청소년 편

몽정하는 것 자체를 부끄럽게 여겨서 사흘 동안 자위행위만 하고 있지 말고 자연스럽게 받아들여라, 인마.

너 나름 해결한다고 해결했지만 부모님이 버려진 이불이나 팬티를 보고 잔소리를 하시면 몽정했다고 솔직하게 말씀드려라.

아침마다 오만상 찌푸리고 무게 잡지 말고 아침엔 제가 발기가 될 수 있으니 배려를 부탁드린다고 이야기를 해라, 이 친구야.

말을 안 하면 부모님이 신이 아닌 이상 네가 왜 그러는지 모르시잖아.

몽정: 이 새끼-, 너 오늘 꿈속에서 무릉도원을 건너고 왔구나. 그래, 그게 몽정이다.

자고 일어나니 아랫도리가 찝찝할 거다. 당황할 필요 전혀 없다. 이처럼 몽롱한 사정을 했다면 나도 이제 성장했구나만 깨닫는다면 만사오케이다.

발기: 한겨울 아침 조회 시간에 운동장에 서서 교장 선생님 훈화 말씀만 듣고 있어도 생식기가 뻣뻣해지는 게 발기다.

'내가 혹시 교장선생님을…?'

지랄하고 있다. 대상과는 관계없이 아무 날, 아무 때 불쑥 일어나는 게 발기라고, 인마.

굳이 발기를 도와주는 상상을 하지 않아도 발기할 수 있다.

그저 내가 잘 성장하고 있다는 증표니 쓸데없는 걱정은 하지 말고 안심해라.

단, 발기를 무기 삼아 또래 아이들에게 위협을 가하는 행위는 결코 해서는 안 되겠지. 뒤지고 싶지 않다면.

발기와 몽정 이후 어떻게 행동하는 게 좋을지는 다음 장 〈자위행위〉 편을 살펴보면 된다.

학교에 가서도 단체 활동(수련회, 수학여행 등) 중에 같은 반 친구 몽정했다고 조롱하지 마라.

"에~~ 몽정했대요~. 몽정했대요~."

확─ 새끼 마. 콕 쥐어박아 버릴라.

그리고 몽정이 잦은 남성은 휴지와 손수건을 항상 소지하는 것이 좋겠다. 몽정이 꼭 잠을 잘 때만 일어나는 일이 아니고, 왕성한 성장기, 혈기 왕성한 때에는 갑작스럽게 별 것 아닌 자극에도 일어날 수 있는 일이기 때문이다. 일이 일어나는 것은 어쩔 수 없으나 그 후 뒤처리가 안 된다면 심각한 정신적 타격을 받을 수도 있다.

자위행위

"너도 해?"
"자위는 누구나 해."

자위행위란 무엇이냐.

본인 스스로 성적 욕구를 해결하는 행위를 일컫는 말이다.

남성의 경우,

성기를 잡고 흔드는 행위,

도구를 활용해 성기를 조이는 행위 등.

여성의 경우,

성기를 문지르는 행위,

도구를 활용해 삽입하거나 자극을 주는 행위 등이 있다.

4장 시작한다.

책 펴라, 책

제대로 된 방식으로 해라
행위 자체가 문제가 아니다

————

인간은 누구나 성욕을 가지고 있다.

어떤 성별은 성욕이 왕성하고, 어떤 성별은 성욕이 적고 그런 거 없다. 사람 나름이다.

1년 365일 성욕이 충만한 사람이 있는가 하면, 결정적인 순간에만 성욕이 발현되는 사람도 있는 거다. 남성이라고 해서, 여성이라고 해서 성욕이 많거나 적은 건 없다는 말이다.

"남자들은 다 한다던데, 너도 해?"

"여자가 자위행위를 한다고?"

어, 개소리가 아주 일품이네.

당연히 하지, 이 대가리 깡통 새끼야.

자위행위에 거부감이 있는 극소수의 사람을 제외하고는 다 하는 거다.

아주 어린 아이들도 본능에 의해 제 성기를 사물에 비비거나 직접

만지는 행위를 하는데, 어른이라고 뭐 다르겠냐. 남녀노소를 불문하고 인간이라면 누구나 자위행위를 할 수 있고, 하고 있다.

제대로 된 방식으로 자위행위를 하는 것에 초점을 맞춰야지, 자위행위를 하는 것 자체를 문제 삼는 행위는 삼가라.

자위행위를 많이 한다고 해서 희대의 변태성욕자도 아니고, 자위행위를 적게 한다고 해서 간디도 아니다. 원하는 만큼, 적절한 방법으로 적당하게 하는 게 중요한 거다.

자위행위로 성욕을 해소해야지, 꾹 참고 있다가 이상한 방식으로 해소하는 수가 있다.

아, 자위행위는 되도록 '혼자만의 공간'에서 '혼자 있을 때' 하도록 해라. 뭐 볼게 있다고 인터넷에 올리고, 대신 자위행위를 해주는 곳에 가고.

남한테 굳이 니 성적 욕구를 보여주려고 애쓰고 그러냐, 인마.

성인 편

민중에 잉크도 다 말라비틀어진 새끼가 아직도 자위행위는 특정 성별만 하는 행위, 혹은 좋지 못한 행위라고 생각하고 있는 정신머리

덜 큰 새끼들은 진짜 어딜 가나 꼭 있다.

복창해라.
숨이 붙어 있는 한 남녀노소 모두 자위행위를 할 수 있다.
따라 해, 새끼야.

이런 새끼들이 꼭 남들이 하지 말라는 헛짓거리는 더 해요.

나 는 부 모 다

자위행위는 나쁜 행위가 아닙니다.
자위행위뿐만 아니라 간혹 자녀가 청소년 필독도서를 읽다가 불건
전한 단어의 뜻이 궁금해 질문했을 때 소스라치게 놀라면서 읽고
있는 책부터 집어 채 갈기갈기 찢어버리고야 마는 비상식적인 부모
님들 분명 있습니다.

왜 그러십니까, 진짜.
그러지 마세요. 그런 강압적인 분위기 속에서 정상적인 루트로 성
적 욕구를 해소하지 못했을 때 댁의 자녀는 반드시 큰집을 드나들
수 있습니다.

자녀가 자위행위 하는 광경을 목격했을 때, 자위기구를 발견했을 땐 그냥 모른 척하시면 됩니다.

뭘 그렇게까지 호들갑을 떠십니까.
비정상적인 자위행위를 하고 있지 않는 이상 자녀를 굳이 불러다 앉혀놓고 성교육을 하실 필요도 없고, 결코 훈육이 필요한 행위도 아닙니다.
하물며 조선시대에도 온갖 야사, 춘화들이 판을 쳤는데 지금은 얼마나 스마트한 시대입니까.

어련히 알아서 똑똑한 방식으로 욕구를 해소하고 있을까요.
인터넷에 찍어 올리는 등 이런 행위들을 미연에 방지하기 위해 미리 자녀를 교육시키는 것이 더 중요합니다.

부부 사이에도 배우자가 자위행위를 하는 것을 두고 천하의 호색한 또는 헤픈 사람으로 만드는 경우도 많은데, 당신 미쳤습니까?
성관계를 통해 성적 욕구를 해결하는 것과는 별개로 혼자만의 해소 시간을 갖고 싶어 하는 배우자도 상당수입니다.
그냥 숨 쉬듯이 자연스러운 행위입니다. 호들갑 좀 제발 좀요.

미자 풀렸다고 신나서 성인용품 사이트부터 뒤적거리는 자식들 상당할 거다.

축하한다, 인마.

미자 때 못 푼 한을 풀어보겠다고 공사가 아주 다망할 거다.

다 안다, 새끼야.

어쨌거나 저쨌거나 유흥업소 및 불법업소 들락날락, 남의 귀한 자식들 건드리는 파렴치한 새끼들도 있는 와중에 넌 아주 잘하고 있는 거다.

단, 지나친 자위행위는 몸을 피로하게 만들 수 있으니 일상생활에 지장 없도록, 거기에 미쳐서 허우적대는 바보 같은 짓은 삼가도록 하자.

청소년 편

아이고~. 그래 수고가 많다, 얘들아.

자위행위를 하는 건 좋은데 지금부턴 정상적인 방법으로 하고 있는지 알아보도록 하자.

자위행위를 하기 전, 손과 성기는 깨끗하게 씻었는지 반드시 확인해라. 온갖 사물들을 다 만지고 온 더러운 손과 하루종일 배변활동을 했을 성기를 서로 문지르거나 접촉했다가는 다양한 질병을 유발시킬 수 있다.

귀찮으니까 오늘은 그냥 한다든지, '오늘 한 번인데 뭐' 같은 개소리는 일찌감치 집어치우고~.

시키는 대로 해라, 처 맞기 싫으면.

미성년자라 성인기구를 못 산다고 해서 집에 굴러다니는 아무 도구로 막 갖다 썼다가는 바로 질병에 걸릴 수 있으니, 오래오래 건강하게 살고 싶다면 자제해라.

그리고 가장 중요한 한 가지 더.

자위행위 장면을 사진으로 남기거나 동영상을 찍고 있다면 당장 멈춰라. 혹시 그 사진과 동영상을 랜덤 채팅 및 기타 인터넷 사이트에 올릴 생각이라면 당장 니 대가리를 빠르게 내리쳐서 기절하는 걸 추천한다.

정말 혹시나 캠으로 인터넷에 생중계를 할 생각이라면 그냥 접시물에 코 박고 죽는 걸 추천한다.

발 없는 말이 천 리를 간다고, 소문이란 건 정말 빠른 거다.

니가 남성인지 여성인시를 떠나서 인터넷에 올려서 불특정 다수가

니 자위행위를 관전하게 하는 건 분명 좋지 못한 거다.
잠깐의 욕구를 못 참아서 평생 후회할 짓은 하지를 말자.

혹시 누군가 너에게 자위행위 영상을 요구하고 있다면 그 즉시 부모님께 알리거나 주변 어른들께 도움을 요청해 경찰에 신고할 수 있도록 해라. 그런 죽어 마땅한 인간말종 같은 새끼의 간교한 혀놀림에 절대 현혹되면 안 된다. 알겠지? 꼭 명심해.

자위행위 후에는 깔끔하게 처리하는 건 기본이고, 소변을 본 후 씻고 속옷을 갈아입는 것이 위생상 좋다.

그럼, 마저 수고해라.

아동 편
사랑해요♡

친구들 혹시 성기를 다른 곳에 문지르거나 세게 쥐고 있나요?
성기가 '아야!' 할 수 있으니 그런 행동은 조금 더 큰 후에 하는 것이 좋아요.

자위행위를 많이 한다고 해서 희대의 변태성욕자도 아니고,
자위행위를 적게 한다고 해서 간디도 아니다. 원하는 만큼,
적절한 방법으로 적당하게 하는 게 중요한 거다.
자위행위로 성욕을 해소해야지, 꾹 참고 있다가
이상한 방식으로 해소하는 수가 있다.

PART

2

너무, 즐기고 있을
너희들에게

성관계 편

"급하게 하지 말고,
내 말 똑바로 들어"

이성

"남자다워야지, 여자다워야지."
"아니, 인간다워야지."

자, 이성이란 무엇이냐.

성적 대상 아니다.

말 그대로 '다른' 성별이란 뜻이다.

정신 차려라.

이차 성징이 오면서부터

남자와 여자는 신체구조가 변하게 되는데

그것 외에 사실 별 다른 특징은 없다.

다른 성별이라고 해서

갑자기 눈에서 레이저가 쳐 나오거나

염력 같은 초능력을 쓸 수 있는 게 아니라는 말이다.

5장 시작한다.

책 펴라, 책

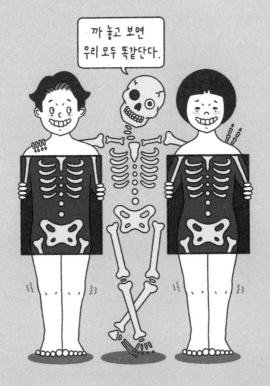

이성에 대한 이해가
성(性) 인식의 시발점

———

남자, 여자, 트렌스젠더, 자웅동체 등
성별은 다양해도 모두 다 같은 인간이라는 것에는 변함이 없다.

7세 미만 아동은 남아와 여아의 구분이 없고,
40세 이후 성인은 남자와 여자가 뒤바뀌며,
60세 이후 노인은 다시 남자와 여자의 구분이 없어진다.

이게 무슨 소리냐?
아무 의미가 없다는 소리다.

기본적으로 인간은 다 똑같다.
말할 줄 알고, 생각할 줄 알며, 공감할 줄 아는 생물이다.

이걸 먼저 이해해야 된다.
이해가 안 되면 뇌에 스팀질 그만하고 주름 하나 더 접어서 쳐 외울
생각을 해라. 이 무지렁이야.

애써 구분하려 들지 마라.

성 구분은 있어도 성별 구분은 없어야지.

약자는 강자에게 도움을 청하고, 강자는 약자에게 힘을 실어주고.

머리가 나쁜 사람은 머리가 좋은 사람에게 배움을 청하고, 머리가

좋은 사람은 머리가 나쁜 사람에게 가르침을 행하고.

재주가 없는 사람은 재주가 있는 사람에게 전수받고, 재주가 있는

사람은 재주가 없는 사람에게 전수하면 된다.

그뿐이다.

남자라서 할 수 없는 일, 여자라서 할 수 없는 일, 트렌스젠더라서

할 수 없는 일, 자웅동체라서 할 수 없는 일?

피노키오 코 썰어서 광명 이케아 처 보내는 소리 한다.

할 수 없는 일과 할 수 있는 일의 차이는 오직 개개인의 적성과 능

력 여하의 차이만 있을 뿐이다.

어느 한 성별은 어느 한 성별만을 위해 존재하는 것이 아니며,

어느 한 성별은 어느 한 성별을 섬기는 존재가 아니며,

어느 한 성별은 어느 한 성별을 위해 희생하는 존재가 아니다.

존재가 존재에게 일방적인 요구를 할 수 없고,

존재가 존재에게 일방적인 사랑을 갈구할 수 없으며,

존재가 존재에게 일방적인 강제를 행할 수 없다.

딱 못 박고 간다.

새겨들어라.

성인 편

성별이 다르다고 해서 이해하려는 시도조차 안 하고 무시해버리는

호로새끼들이 부쩍 많아졌다.

이성의 신체적 특성과 현상을 이해하고 존중해야 사람 새끼다.

니가 이성을 존중하지 않는데 이성이 너를 존중해줄 거란 생각을

중추신경계에 처 품는 순간 사람 새끼가 아니다.

그 따위 헛짓거리 망상은 아예 하지 마라.

니가 들어서 기분 나쁜 말과 행동은 상대가 들어도 기분이 나쁜 법

이다.

뭐 남녀가 유별? 유교 사상?

하마 하품하다 아가리 찢어지는 소리 쳐 하고 있네.

이성을 대할 때 기본적으로 하지 말아야 할 것들 딱 정리해준다.

- 호감 강요
- 동의 없는 스킨십
- 성차별 대우 또는 요구
- 성별 남용
- 기타 성별을 앞세워 행사하는 모든 배려 없는 행동과 구분들

21세기 자본주의 시대에 능력 차별은 있어도 성별 차별은 있으면 안 되지, 인마.

나 는 부 모 다

한 성별은 가둬 키우고, 한 성별은 내다 키우고 그러지 맙시다.

같은 부모 밑에서 태어나 같은 집에서 동고동락하며 키운 다 같은 내 자식입니다. 한 자식은 장난감 주고 다른 한 자식에겐 있던 장난감도 뺏으면 그 다른 한 자식은 그 장난감이 얼마나 갖고 싶겠습니까?

특정 성별이라서 특정 환경에 더 위험하고, 덜 위험하고는 없습니다.

아니, 없도록 만들어야 될 거 아닙니까.

기성세대 운운하며 성에 대해 알기만 했지 제대로 된 교육은 받은 적이 없다는 핑계로 "난 그런 거 잘 몰라", "당신이 알아서 해." 이런 무책임한 말씀이 어디 있습니까.

이성에게 애정 표현은 어떻게 해야 옳은지, 그른지.

예) 자녀가 이성친구에게 잘못된 호감을 표시했을 때

"우리 애가 ○○이를 참 좋아하나 봐요. ○○아, 이해해." (안 됩니다. 이 자녀는 곧 소년소녀들이 가는 학교를 갈 수 있습니다.)

"우리 애가 ○○이에게 결례를 범했네요. ○○아, 미안해." (○)

이성을 대할 땐 어떻게 해야 옳은지, 그른지.

예) 자녀가 이성친구를 막 대할 때

"애들이 놀다보면 그럴 수도 있죠. ○○아, 괜찮지?" (조만간 자녀가 베이커리(=빵집=교도소)를 갈 수 있습니다.)

"제가 따끔하게 교육시키겠습니다. △△(자녀 이름)야, ○○이에게 얼른 사과하렴." (○)

이성을 이해하려면 어떻게 해야 옳은지, 그른지

예) 자녀가 이성친구에게 신체적 또는 정신적 고통을 줄 때

"우리 애가 남자애다 보니, 혹은 여자애다 보니 뭘 모르고." (자녀 미래에 은팔찌가 보입니다.)

"얼마나 상심이 크셨습니까. 제가 부주의했던 탓입니다. ○○이가 허락해준다면 △△(자녀 이름)과 함께 찾아뵙고 정식으로 사과드리 겠습니다. 죄송합니다." (○)

이렇게 시작하시면 됩니다.

아이니까 뭘 모르고, 그게 잘못된 행동인지 몰라서, 본능이라….

안 통합니다.

예, 아이(만 7세 미만)가 뭘 알고 그랬겠습니까. 그게 잘못된 행동인 줄은 알았어도 크게 잘못된 행동인 줄은 몰랐을 겁니다.

그래요. 그런데 피해 아이는 뭘 알고 당했겠습니까?

두 말 필요 없이, 아이가 이성에게 성폭력을 행사했다면 원인은 백 발백중 댁에 있다고 보시면 됩니다.

내 아이가 밖에서 '애새끼가 도대체 집구석에서 뭘 배웠길래'라는

소리는 안 듣게 해야지요.

아무 원인 없이 나쁜 아이는 없습니다.
댁에서 그런 행동을 해도 괜찮다고 했기 때문에, 성적인 것에 지나
치게 노출시켰기 때문에, 성폭력을 저지르고도 적반하장인 모습을
보여주었거나 들키지 않게 성폭력(가해)하는 법 따위를 보여줬기 때
문에 그렇습니다.

아동 간 성폭력, 부모부터 방관하지 마십시오.
처벌은 힘들어도 천벌은 면하기 힘들 겁니다.

나는 비부모다

다양한 직업과 지위를 가지게 되면서 주변 이성들로부터 받은 애정
과 질타를 토대로 '내가 이성으로부터 이런 일을 겪었는데 기분이
나쁘더라. 나는 이렇게 하지 말아야지', '내가 이성으로부터 이런 일
을 겪었는데 참 좋더라. 나는 이렇게 해야지' 정도만 알고 가면 반
은 성공한 거다.

청소년 편

민증 발급도 안 되는 아새끼들이 벌써부터 같은 반 학우들 성별 가르기나 하고 말이야. 아주 개성 있게 속을 썩여 버리네.

아방가르드하게 함 쳐 맞고 싶나.

니가 그 성별인 건 니가 대단해서 생기는 훈장도 아니고, 사랑받아야 하는 그 어떤 증표도 아니다.

그저 어머니 뱃속에서 니가 만들어질 때 생식기가 좀 나오느냐, 좀 들어가느냐의 차이다.

한마디로 다른 성별과 다른 성별의 차이는 딱 니 겨털 개수만큼 밖에 차이가 안 난다는 걸 명심해라.

그리고 이성 친구가 좋으면 괴롭히지 좀 마라.

소문도 내지 마라.

강요도 하지 마.

그냥 아무것도 쳐 하지 마.

앞대가리 윗대가리 위치 바꿔서 진자 운동시키기 전에 입 닥치고 찌그러져 있어.

이성이 좋아하는 것만 해줘도 모자랄 판에 괴롭히기만 처 하고 앉
았으니. ㅉ
그러니까 니가 안 되는 거다.

사람을 사람으로 봐야 사람인 거다.

이성은 절대적으로 강자도 아니고 절대적으로 약자도 아니다.
이성은 니 자랑거리도 아니고, 가십거리도 아니다.

똑같은 돈 내고, 똑같은 교육받으며, 똑같이 자라온 이성 친군데 너
와 뭐 그리 차이가 나겠냐.

대가리가 있으면 생각이란 걸 좀 해라.

아동 편
사랑해요♡

우리 친구들~
이성친구가 좋다고 친구를 괴롭히면 안 돼요.

놀려서도 안 돼요.

이성친구의 신체 부위를 함부로 만졌다간 네 엉덩이는 남아나질 않을 거예요.

함께 놀고, 먼저 양보해주세요.

동성

긴장 풀어라.

번외다.

자, 이 동성이란 또 무엇이냐.

한마디로 성별이 나와 똑같다는 말이다.

지금부터 동성을 대하는 자세를 알려주도록 한다.

첫째, 동성을 혐오하거나 비하하지 않는다(언어적).

둘째, 동성과의 스킨십을 당연하게 생각하지 않는다(신체적).

셋째, 동성을 성적으로 농락하지 않는다(정신적).

딱 이 세 가지만 외우면 된다.

어지간히 대가리에 처든 게 없지 않고서야 누구나 외울 수 있을 것이라 믿어 의심치 않는다.

살아가면서 발생할 수 있는 모든 상황에서 이성을 추켜세우고자 혹은 다른 동성에 비해 월등하다는 것을 증명하기 위해 동성을 혐오하거나 비하하고, 동성의 신체 부위를 스스럼없이 만지거나 접촉하는 행위를 일삼고, 동성의 신체를 이용해 위협하거나 농락하는 행위는 일절 하지 말라는 소리다.

가정, 사회, 공공 가릴 것 없이 다 해당된다.

같은 성별이라고 해서 다 이해해줘야 할 의무도 책임도 양심도 없다.
별 게 폭력이 아니다.
상대가 싫어하는 짓거리를 해대는 게 바로 폭력이다.
유념해라.

피임

"걱정마~. 내가 책임질게."
"됐거든~. 난 내가 책임진다."

말 그대로 임신을 피한다는 말이다.
이 피임법에는 흔히들 알고 있는 콘돔, 경구피임약을 비롯해
사후피임약, 루프, 미레나, 임플라논, 정관수술 등이 존재한다.

딱 새겨들어라.
피임은 특정 분야,
특정 성별만 할 수 있고 하는 것이 아니다.
임신을 피하고 싶은 모든 사람이 할 수 있고 하는 행위다,
이 무식한 새끼들아.

6장 시작한다.
책 펴라, 책

피할 수 없으면
즐기지 마라

―――

질외사정, 생리 중 성관계 따위가 피임법이라고 처 믿고 있는 녀석들도 있는데, 그러고도 네가 사람이냐?

어디서 개소리를 형이상학적으로 주워 처 듣고 와서는 기하학적으로 처 내뱉어버리는 새끼들은 오체분시를 면치 못할 것이야.

피임법에는 이런 것들이 있다.
잘 들어라.

피임법

• 콘돔 사용법: 콘돔의 유효기간과 겉 포장지 훼손 여부를 확인한다. 콘돔을 입김으로 한번 불어 꼭지주머니가 튀어나온 쪽이 바깥으로 향하도록 한다. 쉽게 꼭지주머니가 튀어나오는 쪽이 바깥면이다. 콘돔이 말려 있는 상태에서 콘돔 꼭지주머니를 손가락으로 잡고 한번 비튼 뒤 성기에 대고 천천히 밑으로 밀어 밀착시킨다(정액을 담아낼 공간을 만들어내기 위함이니 반드시 이행하도록 해라).

※ 주의사항

1. 콘돔을 성기에 밀착시키기 전 말려 있는 콘돔을 미리 풀지 않는다(성기에 끼울 수 없게 됨).

2. 콘돔을 반대로 끼우지 않는다(일부 콘돔 내부 표면에는 사정을 지연해주는 마취제 성분이 묻어 있어 여성의 질에 닿게 되면 일시적으로 감각을 잃게 될 수 있고, 대부분 의 콘돔 내부 표면에는 윤활제 성분이 묻어 있지 않기 때문에 여성의 생식기에 상처가 날 수 있음).

3. 무작정 밀어 끼우지 않는다(꼭지주머니를 잡지 않고 끼우게 되면 정액이 담길 주머 니가 좁아져 피임에 실패할 확률이 있고, 콘돔이 찢어질 수 있음).

4. 콘돔을 재사용하지 않는다(미친 새끼인가? 당연히 안 된다).

• 경구피임약 복용법: 생리가 시작되는 그날부터 21일간 꾸준히 복용한 후 7일 휴약기(28일 내내 복용하는 약도 있다)를 갖는다(*주 의: 성관계 하루 전 복용 ×, 성관계 후 복용 ×).

• 사후피임약 복용법: 성관계 시 피임을 놓쳤다면 72시간 내 복용 하는 것이 좋다(120시간 안에 복용해도 되는 약도 있다). 가능한 24시 간 내 복용하는 것이 좋고, 빠르면 빠를수록 효과가 높다(*주의: 72시간 이후 복용 ×, 잦은 복용 ×).

- 루프 & 미레나 시술: 수정란이 착상되는 것을 방해하기 위해 자궁 내 장착하는 기구

- 임플라논 시술: 팔뚝 안쪽에 삽입하는 에토노게스트렐을 함유한 피하 이식 피임 기구

- 정관수술: 정관을 잘라 두 끝을 봉합하여 정자의 이동을 차단하는 수술

간혹 임플라논은 성매매 여성들만 한다, 경구피임약을 먹는 여성은 불건전하다는 발상을 기어코 해내고야 마는 굉장히 유니크한 새끼들도 있던데, 진성 또라이 새끼들인가?

성인 편

꼭, 이 신발끈. 하라는 피임은 처 안 하고 그놈의 '느낌'에 의존해서 염병을 2종 보통(오토)으로 떨어버리는 새끼들은 어딜 가나 있다.
이제부턴 염병도 허락 맡고 떨어야 할 거다.

"질외사정하면 괜찮아." (×, 안 괜찮아, 이 새끼야.)

"생리 중이라 괜찮아." (×. 365일이 가임기인 거 모르나, 이 시발자동차야.)

"책임질게~." (×. 니 생식기관 하나 책임 못 지는 게 누가 누굴 책임진다는 거지?)

이 외 콘돔이 헐렁해서, 꽉 껴서, 느낌이 안 나서 따위의 변명은 다 처 하지 마라. 너는 무슨 시발, 어떻게 하면 사람 허파를 잘 뒤집어 놓을 수 있을까 연구하고 다니냐?

1번 콘돔을 산다. 2번 콘돔을 깐다. 3번 콘돔을 낀다.
셋 중에 어려운 거 있으면 말해봐, 새끼야.

여러 가지 피임법 중에서 콘돔만큼 싸고 쉽고 빠른데 안전하기까지 한 피임법은 없다.

경구피임약은 생리 불순을 치료하는 호르몬 치료 용도도 있으니까 복용 시 부작용(피부 트러블, 체중 증가 및 탈모 등)이 동반될 수 있고, 장기 복용 시 인체에 해로울 수 있다.
장기 복용을 할 예정이라면 몸에 이상이 없어도 병원에 한 번씩 내원해서 검사를 받아보는 것도 좋은 방법이다.

콘돔도 100% 안전한 피임법은 아니니 남녀가 피임을 함께하는 것이 가장 좋다.

하지만 피임약이 몸에 맞지 않는 등 여러 가지 이유로 불가능할 경우, 시술을 통한 피임법 루프, 미레나, 정관수술 등은 많은 비용과 각종 부작용이 수반될 수 있으니 그냥 콘돔을 껴라.

"상대방이 피임을 원치 않아요." (상대방이 죽으라면 죽을래?)

"피임을 권유하면 상대방의 사랑이 식을까 두려워요." (그놈의 세기의 사랑 타령하다가 하나밖에 없는 니 인생 짜게 식고 있는 건 생각도 못 하네.)

"콘돔을 끼면 불편해요." (끽해야 15분 내외다.)

"조절할 수 있는데 왜 콘돔을 착용해야 하죠?" (청신호에 손들고 횡단보도 건너면 되는데 왜 사고가 나죠?' 같은 소리 처하네.)

콘돔을 사용하고 난 후도 중요하다.

콘돔에 물 채워서 새나 안 새나 바라보고 있는 것까진 내가 기대도 안 한다.

정액주머니 손으로 한번 짜보기라도 하면 내 소원이 없겠다, 이 새끼야.

'피할 수 없으면 즐겨라'는 말만 맹신하고 있다가 인생 조지지 말고
피할 수 있을 때 피해라.

청소년 편

즐기고는 싶고 대가리에 든 건 없는 요런 발칙한 어린 아해들아.
숨 쉴 때마다 처 맞고 싶지 않으면 똑바로 처 외워라.
특수형 콘돔이 아닌 다음에야 만 19세 미만 청소년이면 누구나 약
국, 편의점, 지하철 자판기에서 구매할 수 있다.

나 는 사 람 새 끼 다

콘돔 껴라.
이런 애들은 말 안 해도 성관계를 하기 전, 내가 과연 내 부모님과
상대방 부모님의 멸시와 경제적 지원 없이도 한 사람과 한 생명체
를 책임질 자신이 있는가를 지난 날 네가 태어나 자라면서 뇌 속에
입력된 모든 빅데이터를 취합해 먼저 따져본다.

나 는 짐 승 새 끼 다

야동 꺼라.

성교육이라고는 몇 가지 안 되는 일본어만 내뱉는 야동만 본 것이
전부인 새끼들이 학교에서 배운 수업은 곧 죽어도 이론만 파 재끼
면서 이런 건 꼭 실전으로 습득하고야 말겠다는 새끼들이 바로 이
런 새끼들이다.

나 는 반 인 반 수 다

그냥 꺼져라.
콘돔도 사람 봐가면서 사용하는 희대의 호로새끼들이 여기 있네.
이런 새끼들은 취급 안 한다.

성관계를 하겠다는 의지만큼 피임을 안 하겠다는 의지도 큰 녀석들
아. 그 변명도 아주 다채롭기 그지없다.

- 콘돔 살 돈이 없어서(콘돔 살 돈도 없는데 니 인생 구제할 돈은 있을
  까?).
- 어디서 사는지 몰라서(어디서 성관계할지는 기가 막히게 잘 아네).
- 상대방이 준비해오지 않아서(획기적이기까지 하네).

아가리만 벌렸다 하면 변명거리가 줄줄 쏟아지네.
노벨 변명상이 있다면 참 좋았을 텐데. 그지?

좋은 말로 할 때 피임해라.

너 하나에 엮인 인생들이 얼마나 많은 줄 아냐?

아니, 애초에 네 인생도 똑바로 건사 못 하는 게 남의 인생을 생각

하는 자체가 난센스다.

그 누구도 아닌 니 인생, 니 앞날을 위해 피임해라.

성관계

"나 잘해."
"무슨, 처음이라고 긴장하지 말고."

성관계란 일반적으로

이성 간 신체적으로

합이 이루어지는 것을 일컫는다.

또, 또 타이틀만 보고
헐레벌떡 뛰어와서
침 흘리는 새끼들 꼭 있다. 또.
그러라고 만든 파트가 아니다.
성관계를 하려거든 〈피임〉편을 먼저 일독하고
순차적으로 처 읽어라.

7장 시작한다.
책 펴라, 책.

성관계,
자연스러움의 끝

―――――

분위기에 휩쓸려서 하지 않는 것도 중요하고, 내가 진짜 준비가 됐는지 안 됐는지 아는 것도 중요하지만, 사실 성관계에 그리 대단한 의미를 부여할 필요는 없다. 성관계를 자주 하냐, 자주 하지 않느냐의 문제도 개개인의 기호의 차이지 절대적인 기준치를 정해두고 판단해서는 안 된다.

성관계는 죄악이 아니다.

그 몇십 분 생식기끼리 잠깐 부딪쳤다고 해서 깨끗하던 신체가 갑자기 불결해지는 것도 아니고, 여성으로서 마땅히 지켜야 할 자존심이 무너지는 것도, 가치를 상실하는 것도 아니다. 또 남성으로서의 마땅한 자격이 부여되는 것도, 진정한 어른으로 거듭나게 되는 어떤 거창한 의식을 치룬 것도 아니다.

성관계는 단지 성관계일 뿐이다.

이해가 안 되면 그냥 처 외워라.

성관계 그 자체만으로 대단한 인류 최대의 의식이라도 되는 것 마냥 의미부여를 하지 말란 말이다.

이딴 말도 안 되는 엄중하고도 엿 같은 잣대가 사람이 사람에게 죄의식을 자아내고, 죄책감을 심어내는 거다.

결국 사람이 만들어낸 허상일 뿐이다.

남이 언제, 어디서, 누구와 얼마만큼 했는지 파헤쳐서 손가락질 처할 시간 있으면 네 앞날이나 한 줌 더 생각해라.

너희들이 기억도 안 나는 뭣 모를 유아기 시절에도 성욕이 표출돼 서로 또래 이성만 보면 힘 자랑, 노출행위, 스킨십을 일삼는다는 건 알고 말하는 건지.

지금부터 아래 내용만 잘 숙지하고 행동하면 되는 거다.

잘 들어라.

남성 편

옷을 벗고, 애무를 하고, 발기를 통해 삽입을 하고 피스톤 운동을 한다. 끝! 이런 뻔한 소리는 집어치우고 시작한다.

첫 성관계 시

성관계 전 네가 해야 할 일이 있다.

몸 청결히 씻는 건 기본이고, 인마.

상대가 무경험자다

상대가 극도로 긴장된 상태에서 성관계를 시도하면 상대는 극심한 생식기 통증(작열감)이 수반될 수 있다.

또한, 극히 드물지만, 갑작스럽게 성관계를 갖다가 놀란 여성의 성기가 남성의 성기를 꽉 조여서 빠지지 않아 병원을 찾았다는 경우도 들은 바 있다.

그러니 반드시 애무 시간을 길게 잡고 심신의 안정을 기하면서 관계를 갖도록 한다.

머릿속에서 상상하던 거 다 해보겠다고, 무리한 자세나 무리한 방식을 요구하지 않는다. 알겠나?

상대가 유경험자다

"너 성병 있니?" (×)

아유, 요 새끼를 그냥 확-.

상대방이 들어서 기분 상하지 않게 허심탄회하게 대화를 이끌어갈 수 있도록 융통성 있게 질문해라.

남성이 성병 보균자라도 증상이 없는 경우와 여성이 성병 보균자라
도 증상이 없는 경우가 있기 때문에 확인할 필요성은 있다. 본인이
인지하고 있지 못한 경우도 종종 있으니 관계 후 이상이 생긴다면
반드시 병원에 내원하여 치료를 받도록 해라.

상기 내용을 숙지했다면 애무를 해도 좋다.

여성을 애무하려거든 일단 손톱부터 처 깎아라.

니 손톱 밑에 작고 까만 더러운 때가 득실득실한데 그걸 인지 못하
고 능수능란한 테크닉을 선보이겠다며 괜히 손가락 잘못 처 놀려서
여성 질 내부 박살내지 말고.

아주 없던 병도 생기겠다, 이 성병 유발자 새끼야.

다음.

그리고 분명하게 짚고 넘어가는데 남성은 첫 성관계 시 발기가 잘
안 될 수 있다.

여성의 실물을 처음 접하고 가족 외에 맨 몸을 보여준 적이 없던 네
가 민망은 한데 허세는 부려야겠고. 그런 극도로 긴장된 상태에서

시도를 하려고 하니 발기가 안 되는 거다.

"아, 오늘 왜 이러지, 이런 적 없었는데", "과음을 해서", "피곤해서." 이런 귀여운 소리는 집어치워라. 안 되는 건 안 되는 거다.

솔직하게 털어놓고 여성의 도움을 받는 것도 좋은 방법이다.

온갖 허세는 다 부려놓고 옷 챙겨 입는 순간부터 시작해서 집으로 돌아가 눈 감는 순간까지.

네이버 지식인에 '발기부전, 조루, 발기가 안 돼요' 같은 검색만 줄창 처 하고 있지 말라고 하는 소리다(내공 100 걸어놓고 질문부터 때리는 자식들 분명 존재한다).

일단 발기가 됐으면 다음으로 넘어가도 좋다.

발기는 됐는데 삽입을 시도하다가 시간 다 갔다?

학교 다닐 적 성교육 시간에 여자 생식기 그림만 나왔다 하면 그저 희희낙락거리고, 선생님 말씀을 네 친구 패드립보다도 하찮게 들으니 이런 현상이 생기는 거다. 이 무식한 새끼야.

여성 생식기의 생김새는 어떤 경로로든 숱하게 많이 봤을 테니 위치 파악 들어간다.

여성 생식기

여성 생식기 구조 그림: 음부, 외음순, 소음순, 클리토리스, 요도, 질 입구, 항문

여성의 생식기 구조는 클리토리스(가장 윗부분 튀어나온 곳) ⇨ 요도
(클리토리스 바로 아랫부분 매우 작은 구멍) ⇨ 질 입구(요도 아래 양쪽에
날개 같이 생긴 소음순이 감싸고 있는 작은 구멍) ⇨ 항문(질 입구와 얼마
떨어지지 않은 아랫부분) 순이다.

머릿속에 딱 박아 넣어라.

어디서 처 본 건 있어서 클리토리스 애무하려다 요도만 주구장창
건드려서 요도염 걸리게 만들지 말고 새겨들으란 말이다.
G스팟인지 지랄스팟인지만 찾다가 한 세월 보내지 말고 할 수 있
는 것만 하라고, 인마.

이해했으면 다음.

위치 파악이 됐으면 성공적인 삽입 후 성관계를 마칠 수 있다.

여성 편

옷을 벗고, 애무를 하고, 준비상태에 돌입하면 삽입을 하고 피스톤 운동을 한다. 끝! 이런 뻔한 소리는 집어치우고 시작한다.

첫 성관계 시

성관계 전 니가 해야 할 일이 있다.
몸 청결히 씻는 건 기본이고 인마.

상대가 무경험자다

상대가 극도로 긴장된 상태에서 성관계를 시도하면 상대는 발기조차 힘들어지게 되고, 발기가 된다 하더라도 삽입 시 통증이 수반될 수 있다.
그러니 반드시 애무 시간을 길게 잡고, 무리한 자세나 다양한 방식을 요구하지 않는다.

상대가 유경험자다

"너 성병 있니?" (✕)

아유, 요 새끼를 그냥 확!

상대방이 들어서 기분 상하지 않게, 허심탄회하게 대화를 이끌어갈 수 있도록 융통성 있게 질문해라.

남성이 성병 보균자라도 증상이 없는 경우와 여성이 성병 보균자라도 증상이 없는 경우가 있기 때문에 확인할 필요성은 있다. 본인이 인지하고 있지 못한 경우도 종종 있으니 관계 후 이상이 생긴다면 반드시 병원에 내원하여 치료를 받도록 해라.

상기 내용을 숙지했다면 애무를 해도 좋다.

나는 네가 결코 휴지끈이 짧지 않다는 것을 안다.

성모 마리아 빙의해서 구체관절인형 마냥 누워 있다가는 성기에 더 큰 고통을 줄 수 있으니 움직여라.

능동적으로 몸을 움직일수록 긴장이 풀리고 고통이 덜하다.

허세 부리며 너무 잘하는 척할 필요도 없다.

애무하는 것이 어려우면 상대방에게 솔직하게 말하고 도움을 청하는 것도 매우 좋은 방법이다.

다음.

분명하게 짚고 넘어가는데 여성은 첫 성관계 시 출혈이 없을 수 있다. 아직도 지 몸뚱아리도 모르는 무지렁이들이 존재한다.

성관계 시 출혈과 고통을 주는 일명 '처녀막'이라고 불리는 질구 중앙부를 제외한 가장자리 부분에 원형으로 둘러싼 점막조직이 있다. 이 처녀막은 남성의 성기가 아니면 절대 깨지지 않는 방탄유리 같은 존재도 아니고, 질 입구를 원천봉쇄하고 있는 콘크리트 막도 아니다.

자위행위나 작은 부딪힘에도 쉽게 다칠 수 있는 점막조직일 뿐이다. 크나큰 의미를 부여하지 마라.
선천적으로 가지고 태어나지 않은 여성도 있는가 하면, 아예 점막조직이 질 입구를 막고 있는 여성도 있다.
전자는 걱정할 것도 없고, 후자는 성관계뿐만 아니라 정상적인 생리 출혈도 입구가 가로막혀 배출할 수 없으니 당장 내원해 시술을 받는 것이 좋다.

복창해라.

네 질 입구의 점막조직은 성 경험의 여부를 나타내는 표식이 아니다.

목소리가 작다, 인마. 한 번 더!

피가 안 나왔다고 절망하지 않는다.

따라 해라.

니 존재 가치는 그 작디작은 점막조직 따위가 결정짓는 게 아니란 말이다. 이 모자란 녀석아.

성관계를 논하기 전에 이것부터 각인시켜라.

알아들었으면 다음으로 넘어가도 좋다.

성기 애무를 하기는 하는데 어딜 잡고 만져야 할지 모르겠다?

학교 다닐 적 성교육 시간에 남성 생식기 그림만 봐도 음식물 쓰레기 보듯 쳐다보니까 이런 현상이 일어나는 거다.

남성 생식기의 생김새는 어떤 경로로든 숱하게 많이 봤을 테니 위치 파악 들어간다.

남성의 생식기의 구조는 요도(가장 윗부분 귀두 속 작은 구멍) ⇨ 귀두(가장 윗부분 요도를 둘러싼 헬멧 모양) ⇨ 음경(귀두와 연결 된 긴 막대 기

둥 형태) ⇨ 고환(음경 아랫부분 주름진 음낭이 감싸고 있는 부위) ⇨ 부고
환(고환 뒷부분) ⇨ 항문 순이다.

머릿속에 딱 박아 넣어라.

어디서 처 본 건 있어서 귀두 애무하려다 요도만 주구장창 건드려
서 요도염 걸리게 만들지 말고, 뭐든지 할 수 있는 것부터 차근차근
해라.

그러다 피나, 새끼야.

눈도 맞추고 눈길 닿는 대로 손이 가는 대로 자연스럽게.

남성 생식기

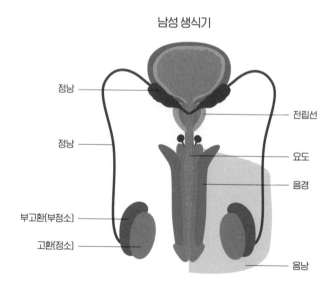

이해했으면 다음.

위치 파악이 됐으면 성공적인 삽입 후 성관계를 마칠 수 있다.

남녀 공통

성관계 시

지금부터 니가 잘못 알고 있는 개떡 같은 상식은 모두 지워라.

남성과 여성의 유두, 생식기의 착색 정도는 멜라닌 색소의 분비 때문이지, 얼마나 많은 사람이 얼마나 많이 빨았는가를 판단하는 성관계 횟수의 증표가 아니다.

피스톤 운동 시 여성의 질에서 방귀 소리가 나는 것은 여성의 질이 수축하고 팽창하면서 공기가 통하는 소리이며, 이것은 결코 질의 너비 때문이 아니다.

이 새끼들은 뇌 인테리어가 굉장히 독특한가 봐.

하루 빨리 리모델링해라. 어디 가서 개망신 당하기 싫으면.

그리고 가장 중요한 한 가지.

상대가 성관계에 동의했다 하더라도 성행위 도중 상대가 거부의사를 내비친다면 중단하는 게 맞는 거다. 니 기분 내킨다고 상대방 의사 개 무시하고 진행시키다가 엿 되는 수가 있다.

명심해라.

추가로, 상대가 성관계 시 성기에 통증을 느낀다든지, 질이 건조하다고 판단되면 상대방과 상의 후 러브젤(윤활제) 같은 제품을 사용하는 것도 좋다.

성관계 시 꼭 연기할 필요 없다.

어느 정도의 배려는 필요하겠지만, 있는 그대로의 감정을 솔직하게 표현하고, 그에 대한 피드백과 의견을 수렴하면 더 나은 성생활을 즐길 수 있다는 말이다.

*주의사항

1. 상대의 성관계 제의에 응하지 않았다고 해서 절대 죄책감이나 미안한 마음을 가지지 않기

2. 상대와 나 자신 모두 과거 성관계 이력이나 성관계 횟수에 집착하지 않기

깨알 청소년 편

멀티방, 룸카페, 룸피시방, DVD방, 공원, 놀이터, 노래방&코인노래방, 텐트, 아파트 옥상 등등.

늘상 성관계할 장소 알아내느라 수고가 많다.

갑갑하지?

할 장소는 기가 막히게 잘 알아내면서, 피임법은 죽어도 검색 한 자락 안 해보는 이 귀여운 녀석들아.

그놈의 모텔 대실 한번 해보겠다고 민증 후벼 팔 시간에 앞장의 〈피임〉편부터 읽고 오렴.

모텔 업주는 무슨 죄냐.

성관계도 좋고 다 좋은데 말이야.

사방에 CCTV가 달려 있고, 비위생적이고, 많은 사람이 오가는 열린 장소는 가급적 피해주라.

그런 장소에서 성관계를 한다는 것 자체가 상대에 대한 배려가 전혀 없는 거니까.

자, 지금부터 딱 세 가지만 기억해라.

위생, 안전, 피임.

10대 청소년들의 성병이 급증하고 있다.

가급적 서로의 집이나 안전한 장소에서 성관계를 할 수 있도록.

너희들의 건강한 성생활을 응원한다.

다음 장 펴라.

성도착증

우리가 흔히 알고 있는 정상적이고 일반적인 성관계가 아닌, 대상과 행위에 대한 변태적인 이상 습성을 일컫는 말이다.

개개인의 성적 판타지와는 별개로 실제로 행하면서 곧 범죄로 이어질 수 있는 개변태적인 행위를 말한다. SM(사디즘, 마조히즘), 소아 성애, 시간, 수간 등등 미치지 않고서야 이런 창조적인 발상을 할 수는 없다.

자, 성도착증이란,

한마디로 동의를 구할 수 없는 대상과의 성행위나 엽기적인 성행위를 지향하는 미친 새끼라는 뜻이다.

대상에 대한 성도착증일 경우에는 아동 성범죄나 동물 학대, 시체 훼손 등의 심각한 범죄행위로 이어질 수 있다.

행위에 대한 성도착증일 경우에는 이 성도착증을 숨기고 혼인을 해 배우자에게 동의 없이 저따위 개 변태적인 행위를 시도하다가 이혼과 고소를 동시다발로 처 당하는 사례도 있다. 그리고 연인에게 동의 없이 저따위 것들을 시전했다가 양 싸대기를 동시다발로 처 맞고 고소당하는 사례도 있다.

어느 쪽이든 개 삽그릇 같은 일임은 분명하다.

제발 부탁하건데, 내 대가리가 좀 아프다 싶으면 정신과를 가라.

평소에 실천이라곤 죽어보자고 안 하는 새끼들이 꼭 이딴 변태 같은 행위를 할 때만 몸이 저절로 처 움직이는지 부지런 바지런을 온 천지에 처 떨어버리더라.

지금부터 니가 잘못 알고 있는

개떡 같은 상식은 모두 지워라.

남성과 여성의 유두, 생식기의 착색 정도는

멜라닌 색소의 분비 때문이지,

얼마나 많은 사람이 얼마나 많이 물고 빨았는가를 판단하는

성관계 횟수의 증표가 아니다.

임신

"생리를 안 하는데…. 임신일까?"
내가 임신을 해도 되는 거야?

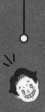

수정란이 자궁 내벽에 착상하여
모체로부터 영양분을 공급받아 태아로 발육하는
과정을 일컫는 말이다.

정자와 난자가 만나 수정을 하고
착상을 하는 것 따위의
뻔하고 아름다운 이야기를 하려는 게 아니다.
지금부터 아주 현실적인 이야기를 시작한다.
이번 편은
성인, 청소년, 아동 구분이 없다. 잘 들어라.

8장 시작한다.
책 펴라, 책

내 몸이 변하고
세상이 변한다

———

아무 상식도 없고, 아무 준비도 안 된 새끼들은 생각조차 하지 마라. 반드시 희생이 따른다. 경고했다.
TV에서 보던 그런 아름다운 모습이 아니니 주의할 것!

"생리를 안 해요. 임신일까요?" (약국으로 가서 임신테스트기를 사라. 얼마 안 한다.)
"임신테스트기에 한 줄은 선명한데, 한 줄은 불투명하게 보여요." (제발 병원을 가라.)

뭔 일만 터졌다 하면 네이버 검색만 처 할 줄 알았지, 정작 임신테스트기를 사고 병원에 내원하는 건 어떻게 하는지도 모른다. 안다 해도 두려워서 벌벌 떠는 것들이 임신은 무슨 임신!

정자만 뿌리고 자궁 내벽에 착상만 되면 태아가 저절로 크는 줄 아는 새끼들도 일찌감치 집어치워라.

말 그대로 임신은 태아를 품고, 모체의 영양분을 태아에게 공급하는 과정이다.

멀쩡한 사람도 생리기간만 되면 호르몬 변화로 인해 하루에 수십 번도 넘게 감정이 오르락내리락 하는데, 임신을 하게 되면 오죽 하겠냐?

자궁외임신 등 청천벽력 같은 위험요소도 언제든지 발생할 수 있다. 본래 몸에 없던 위협적인 존재가 생겼다고 인지해 호르몬 불균형이 심화되고 그로 인해 임신 초기(11주 이하)에는 입덧과 어지럼증, 신경과민 등이 수반된다. 모체와 태아 둘 다 불안정한 상태이기 때문에 유산을 피하기 위해선 가장 조심해야 할 시기다.

명심해라.

임신 중기(12~27주)에 들어서면 모체가 서서히 적응하게 되는데, 때문에 입덧은 서서히 줄어든다.

대신 태아의 성장 발달로 인해 모체의 오장육부가 압박되어 소화불량이 시작되고, 변비가 더욱 심해질 수 있다.

또, 모체는 태아를 보호하고 지탱하기 위해 아랫배가 눈에 띄게 커지게 된다. 그로 인해 체중 증가, 복부 튼살, 허리 통증, 가슴 통증, 정맥류, 손발 저림, 부종 등을 유발할 수 있다.

임신 후기(28~35주)에 들어서게 되면, 태아의 움직임이 활발해지기 때문에 배가 자주 뭉치는 듯한 느낌이 들고, 모체의 오장육부는 더욱 압박되어 가슴이 답답하거나 호흡이 가팔라질 수 있다. 더불어 쉽게 잠들거나 편히 숙면을 취하는 것이 어려워진다.

쉽게 말해, 몸속에 있는 장기란 장기는 모두 압박되어 일상생활에 지장이 갈 정도로 불편함을 호소할 수 있다. 태아가 커진 만큼 모체의 뼈 구조도 변형되어 온몸이 불편할 수 있다는 말이다.

임신 막바지(40주)에 돌입하면, 출산이 임박했고 태아도 나올 준비를 하기 때문에 질 분비물이 늘어나게 되고, 가진통을 느낄 수 있으며, 태아가 커진 만큼 불편함도 커진다.

상기 모든 과정에서 모체는 태아에게 영양분을 양보하고 있는 상태며, 그로 인해 많은 임신합병증(고혈압, 당뇨 등)을 초래할 수 있다는 것이다. 그럼에도 불구하고, 태아의 성장 발달에 악영향을 끼칠 수 있기 때문에 임산부는 함부로 약을 복용할 수 없다.

정상적인 태아를 낳고 싶다면 당연히 담배나 술 같은 인체에 유해한 성분이 함유된 식품은 섭취 자체가 불가능하다. 그런데 굳이굳이 담배를 사 처 피우고 술을 마셔 재껴야 분이 풀리는 새끼들부터 시작해서, 그 옆에서 가습기 마냥 담배연기 처 내뱉으며 누구 약 올리듯이 기어코 술을 처 마시거나 권유하고야 말겠다는 인간 같지도 않은 새끼들은 꼭 하나씩 있다.

목숨 걸고 사경을 헤매고 있다고 해도 과언이 아닌데, 남녀노소를 불문하고 임신을 우습게 아는 새끼들, 임신은 오로지 여자 몫이라는 새끼들은 상종할 가치가 없다.

많은 위험을 부담하는 만큼 전 세계 어딜 가나 임산부는 보호 대상임을 명심해라.

남녀 둘 중 어느 하나만의 책임이 아니다.
100세 인생을 사는 자들이 앞으로 100세 인생을 살 한 생명체를 품고 함께 기르는 일이다.

단순히 한겨울에 산딸기 구해내라는 말이 아니다. 경상도에서 전주 비빔밥 내놓으라는 말이 아니라고.
책임감이 있느냐 없느냐부터 시작해서 임신 기간 동안 임신부에게 최적의 환경이 갖춰져 있느냐 없느냐, 경제적으로 뒷받침이 되어 있느냐 안 되어 있느냐, 임신부를 배려하고 보호할 수 있는 능력이

되느냐 안 되느냐, 한 아이의 부모가 될 자격이 있는가 없는가를 다
따져 묻는 거다.

이렇듯 임신이란,
마냥 아름답고 신성하기 만한 일도 아니고, 그렇다고 마냥 위협적
이고 무섭기 만한 일도 아니다.

선택은 너희들의 몫이다.
돌다리도 두들겨보고 건너야 하지만, 구더기 무서워 장 못 담글 필
요도 없는 거니까.

깨알 청소년&아동 편
아빠 엄마가 다리 밑에서 너희들을 주워왔다는 건 다 구라예요.
아빠 엄마가 너희들을 가졌을 땐 세상을 얻은 줄 알았대요.

뭔 일만 터졌다 하면 네이버 검색만 처 할 줄 알았지,
정작 임신테스트기를 사고 병원에 내원하는 건 어떻게 하는지도 모른다.
정자만 뿌리고 자궁 내벽에 착상만 되면
태아가 저절로 크는 줄 아는 새끼들도 일찌감치 집어치워라.
말 그대로 임신은 태아를 품고, 모체의 영양분을
태아에게 공급하는 과정이다.

출산

"힘만 끙~ 주면 나오는 거 아냐?"
"그래? 그럼 한번 바꿔볼래?"

자, 출산이란 무엇이냐.
아이를 낳는다는 말이다.

새대가리가 아닌 이상 모두가 알고 있듯이
출산은 크게 자연분만, 제왕절개
두 가지로 분류할 수 있다.
그러니 우리는 출산 시 겪을 수 있는 증상에 집중한다.
이번 편 역시 성인, 청소년, 아동 구분이 따로 없다.
잘 들어라.

9장 시작한다.
책 펴라, 책

생뼈가 갈리고 생살이 찢기는
살기 위한 몸부림

————

출산의 종류는 산모의 상태와 태아의 상태를 종합적으로 진단한 뒤 의사와 산모의 협의를 통해 결정된다.

그러니까 출산 당사자도 아닌 새끼들이 옆에서 이래라 저래라 할 자격이 없다는 말이다.

자,

다시 집중!

자연분만

진통이 시작되면 의사선생님께서 산모의 진통 간격을 체크하고, 산모의 질 입구에 피 섞인 분비물, 즉 이슬이 비치는지, 또 자궁문은 어느 정도 열렸는지 주기적으로 손을 넣어 체크한다.

이때부터 염라대왕도 울고 갈 지옥의 고통이 시작되는데, 분만을 하기 전에 산모의 극심한 고통을 덜어주기 위해 무통주사를 권유한다.

*주의: 이때 꼭- 옆에서 무통주사 동의를 하네 마네 지랄 염병을 한 바가지로 쏟아내는 미친 새끼들도 있던데 대가리에 총 맞았냐, 이 개새끼야?

당장 맹장수술, 포경수술, 치질수술만 해도 아파서 죽네 사네 할 새끼들이, 감기만 처 걸려도 세상 끝날 것처럼 있는 엄살, 없는 엄살 다 떨어 재끼는 새끼들이 마치 뭐 대단한 권리라도 쥐고 있는 양 동의를 해주네 마네 시건방이란 시건방은 아주 있는 대로 처 떨어버리네. 꼭 죽여버리고 싶게.

본격적으로 아이를 낳기 전에, 아이가 나올 시 회음부가 여러 갈래로 찢어지는 것을 미연에 방지하기 위해 회음부를 아래 또는 대각선 방향으로 한 번 절개하게 된다. 진통 혹은 아이 낳는 것에 비하면 이것은 고통도 아니라고는 하지만, 평소에 신경이 예민하거나 극도로 긴장한 경우에는 마찬가지로 극심한 고통을 느낄 수도 있다.

준비가 다 되었으면 이제부터 아랫배에 젖 먹던 힘까지 빌려 주게 되는데, 끙차끙차 몇 번만 하면 순풍순풍 나오는 게 아니다.

아이가 나올 때까지 몇십 번을 반복해서 힘을 주는데, 그 고통이 얼마나 극심하면 마치 새끼 잃은 짐승이 포효하는 것과 같은 효과음이 산모의 목구멍에서 저절로 튀어나오게 된다.

관장을 했다지만 과도한 힘을 주는 만큼 당연히 배변 찌꺼기가 나올 수 있고, 기타 오물들도 함께 나올 수 있다.

이 과정에서 청순가련이고 지랄이고는 다 필요 없다. 살기 위해 몸부림치는 인간 본연의 모습이 나올 뿐이다.

요즘 가족분만이니 뭐니 하면서 남편과 분만 과정을 함께하는 가구들도 많은데, 산모의 이런 모습을 보고 평소 자신이 알던 가녀린 아내의 모습과는 차원이 다르다며 사람이 아니라 짐승을 보는 것 같다. 성욕이 없어졌다는 개소리를 처 지껄이는 살인마 잭 마냥 미친 사이코패스 새끼들도 상당하다.

인간이 인간을 낳는데 생살, 생뼈를 갈기갈기 찢는 고통 속에서 고데기 처 하다가 심장마비로 뒤지는 소리 하고 앉았네, 미친 새끼가. 포경수술하는 데 구슬 박고 가는 소리 처 하지 말고 부탁이니까 그냥 정자 시절로 돌아가라.

아이가 정상적으로 나온다면 다행이지만, 태아가 거꾸로 위치해 있다면 바로 제왕절개를 한다. 진통 중에 아이가 거꾸로 돌지 않기 때문이다. 하지만 태아의 목에 탯줄이 걸리는 경우는 흔하며 대개 자연분만으로 낳을 수 있다. 진통을 겪다 제왕절개를 하는 경우는 아이가 안 내려올 때, 골반이 좁거나 아이가 클 때, 아이의 심장박동이 감소할 때이다.

힘만 주면 저절로 낳는 줄 아는 무식한 새끼들이 판을 치지만, 산모나 아이나 둘 중 하나라도 잘못되면 바로 죽는 거야, 이 개새끼야. 알아듣냐?

이토록 혹독하고 어렵게 아이를 낳았다면, 다시 한번 지옥의 후처리가 시작된다.
자궁 내부에 남아 있는 태아의 분비물 및 태반 등을 모두 빠져나오게 하기 위해 의사 및 간호사가 직접 산모의 불러 있는 배를 위에서 아래로 힘껏 누른다.
이것 또한 아이를 낳는 고통에 비하면 아무것도 아니라지만 사람마다 고통을 느끼는 수위가 다르므로 단정 지을 수 없다.
잔여물이 모두 나오고 나면 절개했던 회음부를 꿰매고 회복실로 이동하게 된다.

회복실로 갔다고 해서 다 끝난 게 아니다.
벌어졌던 뼈마디들이 다시 붙고, 오장육부가 재배치되고, 늘어나고 찢어진 살들이 회복되면서 극심한 통증을 유발하게 된다.
하혈 또한 최소 2~3주 정도 성인용 기저귀를 착용하고 있어야 할 만큼 많은 양의 출혈과 오로(아이를 낳고 난 뒤 약 3주일 동안 음문에서 흘러나오는 붉그레한 액체)도 동반한다.

어지럼증, 기력 저하는 물론이고, 극심한 스트레스로 인해 탈모까지 진행될 수 있다.

그뿐만이 아니다. 가슴이 뜨겁고 뭉치는 젖몸살부터 시작해 회음부 통증, 훗배앓이를 비롯해서 아이를 낳을 때 과도하게 힘을 주어서 치질이 발생할 수 있다. 그리고 매우매우 드문 경우이지만 질에 고름 구멍이 생겨 대변이 질로 나오게 되는 직장질루 등 다양한 곳에서 다양한 통증이 유발될 수 있다.

요단강에 발 담갔다 돌아왔다고 해도 과언이 아닌 와중에 옆에서 깔짝깔짝 산모 간이나 보면서 쉬러 갈 궁리나 처 하고 있고, 하루 온종일 나자빠져 핸드폰 게임이나 처 하고, 산모를 위해 위문 공연을 해도 모자랄 판에 그놈의 아들인지 딸인지 감별부터 시작해서 낳게 된 경위까지 설명하게끔 만드는 새끼들을 보면 얼마나 부아가 치미겠니, 응?
친구야, 대가리가 있다면 생각을 좀 해라.
지나친 화돋움은 조기 이혼을 불러일으킬 수 있습니다,
이 시발아.

제왕절개

자연분만과 달리 진통 과정이 생략될 수 있다. 진통이 오기 전에 수술을 해야 하므로 보통 출산예정일보다 1~2주 정도 앞선(38주) 시기로 수술일자를 정하기 때문이다. 하지만 수술일자보다 먼저 진통이 시작되는 경우도 있으므로 운이 나쁘면 자연분만과 동일한 진통 과정을 모두 겪은 후에 진행된다.

수술실로 들어가게 되면, 전신마취나 하복부 마취를 통해 개복하고 아이를 꺼내게 된다. 하지만 산모는 이 과정에서 복부를 대여섯 번정도 가르며 개복하게 되는데, 과다출혈이 올 수 있는 심각하고도 위험한 과정인 거다.

이 과정을 두고 힘 안 들이고 낳았다고 개 무시해버리는 희대의 븅신 새끼들도 있는데, 야~ 이거는 대체 불가능한 미친 새끼라 그냥 이혼하는 걸 추천한다. 퉤이, 시발거야.

자연분만과 다르게 수면 중에 이루어지는 수술이라지만, 그 후폭풍은 자연분만보다 극심한 고통이 뒤따른다.

수술을 마치고 마취에서 막 깨어났을 땐 비몽사몽해서 고통을 조금덜 느낄 수 있지만, 완전히 깨고 나면 차원이 다른 지옥의 고통을 선사한다.

수술 부위에 무거운 모래주머니를 장시간 올려두어 출혈과 붓기를 줄여준다. 하지만 모래주머니를 뺀 후 몸을 움직이면서 진짜 고통이 시작된다.

자궁수축이 원활히 되고 있는지 산모가 착용하고 있는 패드를 수시로 확인하며 출혈이 심하면 배를 사정없이 눌러 수축을 유도하는데, 누를 때마다 염라대왕 얼굴이 한 번씩 꼭 보일 거다.

소변줄을 뽑고 난 후 첫 소변을 보기까지도 상당한 고통이 수반된다. 무통링거를 꽂고 있다지만 그래도 아픈 건 아픈 거다.

자연분만에 나온 벌레 새끼처럼, 아직도 이 와중에 옆에서 깔짝거리고 있는 벌레 새끼가 있다면 거의 이혼당하고 싶어서 환장한 새끼라고 봐야지.

자연분만보다 제왕절개가 배를 개복한 수술이니만큼 회복이 더 더디고 그 기간도 오래간다.

제왕절개를 한 산모는 다음 출산 시에도 마찬가지로 제왕절개를 해야 한다. 말 그대로 지옥 같은 위의 과정을 반복하는 것이다.

산후 조리

산모가 원하면 그냥 가는 거야, 이 병신아. 뭔 말이 많아.

요즘 여자, 요즘 여자 들먹이며 산후조리원을 보내주네 마네 개소리를 아주 다부지게도 해대는데, 뱃속에서 나올 때 대가리부터 안 나오고 아가리부터 나왔을 입만 산 새끼들이 말이 많다.

잘 들어라.

첫째, 동양인은 서양인에 비해 골격이 작다.

육안으로도 한눈에 확인될 정도니 자세한 설명은 생략한다.

골격이 작은 만큼 출산 시 벌어지는 뼈마디의 간격도 크다. 그러니 회복기간도 훨씬 더디다.

둘째, 서양인도 산후 조리를 한다.

서양인은 산모가 집으로 돌아오면 가족들이 알아서 모시기 때문에 산후조리원이라는 개념이 없다.

셋째, 조선시대에도 산후 조리를 했다.

대문에 금테 치고 고추 걸어놓은 게 아들 낳았다고 처 자랑질해댄 게 아니라, 이 집에는 산모가 있으니 들어오지 말고 왔던 길로 꺼지라는 뜻이다.

뭐, 애 낳고 밭일을 해? 조선시대 그 어떤 상놈의 집구석이 그 따위 무식한 짓을 하냐.

무슨 말도 말 같은 소릴 해야 대꾸를 해주지 시발, 진짜 짜증나게 하네.

저출산 저출산 노래를 부를 땐 언제고, 산모 못살게 괴롭혀서 진짜 출산자 없어져서 출산율 제로 되기 전에 조심 좀 합시다, 거.

낙태

낙태란 말 그대로 태아를 떨어뜨린다. 즉 태아를 강제로 유산시킨다는 의미와 같다.

낙태에 대해서 전 세계에서 들썩거릴 정도로 논란이 아주 많은 줄로 안다. 혹자는 생명의 가치에 중점을 두고, 혹자는 부모가 될 자의 미래에 중점을 둔다. 또 이것이 나라에서 법적으로 금해야 할 것인가, 본인의 선택에 맡길 것인가에 대해서도 의견이 분분한 시점이다.

낙태 찬반론을 두고 생각하건데, 우리가 정의라고 믿고 있는 것들이 상황과 때에 따라서는 얼마든지 언제든지 바뀔 수 있다.

어느 것이 맞다고 콕 집어낼 수는 없다. 다만 살펴봐야 할 것은 강간이나 준강간에 의해 임신된 경우, 낙태는 복중 태아보다 해당 여성의 인권을 더 중시해서 낙태가 허용된다. 하지만 피임을 적극적으로 하지 않았거나 제대로 되지 않았거나 혹은 피임을 선택하지 않았던 상황에서는 해당 부모의 인권보다 복중 태아의 생명권이 중시된다는 점이다.

모순은 분명 존재한다.

낙태의 주체를 여성으로 할 것인지, 태아로 할 것인지 구분 짓기 힘들어하는 상황에서 어느 한쪽으로 치우쳐 생각한다는 것은 큰 오류를 낳을 수 있다는 것을 항상 명심하고 섣부른 판단은 자제해야 할 것이다.

실제로, 태아를 언제부터 '사람'으로 인지할 것인지는 해당 형법상, 분만의 진통이 시작됨과 동시에 태아를 사람으로 인정하고 있다. 때문에 진통이 오기 전에는 업무상 과실치사로 태아를 숨지게 해도 '사람'으로 인정하지 않아 무죄 판결이 나온 판례가 있다.

하지만 낙태죄에 명시되어 있는 법안을 살펴보면 산모의 건강에 심각한 문제를 초래하거나 성폭행, 근친상간이 아닌 경우에 낙태 행위를 시행하면 태아의 주수나 진통의 유무와 관계없이 모두 처벌하고 있다.

역시 가장 원초적이고 확실한 방법은 피임을 하는 것이다. 하지만 계획하지 않은 혹은 원하지 않은 임신을 했을 때 낙태와 양육 중 택할 수 있는 선택지는 주어져야 한다고 생각하는 바다.

가화만사성이라는 문장이 존재하는 만큼 가정환경과 가정교육이 중요하다는 것은 우리 모두가 다 아는 사실이다.

미혼부, 미혼모에 대한 사회적 인식도 인식이거니와, 환경과 여건이 갖추

어지지 않은 상황에서 아이를 양육한다는 것은 부모에게도 아이에게도 심적으로 엄청난 부담이 주어지는 일이다. 또한 자칫 아동학대나 기타 범죄로도 이어질 수 있다는 것을 알아야 한다.

그런데 이런 모든 내용을 대가리에 반사판 달아놓은 것 마냥 모조리 튕겨내버리고는, 그저 낙태를 행한 부모에게만 화살을 날려버리는 사상이 위험천만한 새끼들아.
너것들은 낙태 찬반론이고 지랄이고 간에 그저 해당 부모가 사회적으로 두고두고 철저하게 엿 되길 바라는 것뿐이잖아.

오직 제 한 몸 일신의 안위를 위해 무조건적으로 낙태 찬성 신봉자인 나사 여러 개 빠진 새끼들도 마찬가지다.

너희들도 낙태 찬반론이고 지랄이고 간에 그저 남이나 법 같은 거 신경 안 쓰고 쉽고 편하게 낙태가 하고 싶을 뿐이잖아.
네 미래는 그리 끔찍하게 생각하면서 여러 번 낙태하면서 망가질 니 장기는 왜 생각을 안 해주냐.
남들이 욜로, 욜로 거리니까 100세 인생을 살 네 몸까지 욜로가 되는 줄 아는 모양인데 착각하지 마라.
인생 길다.

PART

3

진심, 두려워하고 있을 너희들에게

성범죄 편

"겁내지 말고,
내 말 똑바로 들어"

성폭력

"네가 예뻐서 그래."
"그렇구나, 난 네가 역겨워서 좀 그래."

성폭력 예방법? 그딴 건 없다.

폭력은 폭력일 뿐이다.

무차별적으로 당하는데 무슨 예방법이 있냐?

폭력 앞에 '성'자가 들어간다 해서
대단히 특별한 게 있는 게 아니다.
모르는 사람에게 당하든, 아는 사람에게 당하든
사람 대 사람으로
물리적, 정신적 힘을 가하는 모든 행위를
크게 '폭력'이라는 틀에 가둬둔다.

10장 시작한다.
책 펴라, 책

참고 넘어가면
두 번, 세 번 계속된다

———

누가 어디서 어떻게 어느 부위에 폭력을 행사했느냐에 따라 무슨
폭력, 무슨 폭력으로 나눠지는데 그 중 하나가 '성'폭력일 뿐이다.
크나큰 의미를 부여하지 마라. 걱정도 하지 마라.
대처하면 된다.

성인 편

"결혼했는데 배우자가 알까 봐, 주변 사람 보기 부끄러워서, 나만
참고 넘어가면 되는데 뭐…."

무슨 말인지 다 안다.
그래도 말이 많다.
잘 들어라.

나는 성폭력 피해자다

신체적 대처법

- 신고를 두려워하지 않는다(112, 119 모두).
- 사후피임약 복용을 잊지 않는다.
- 몸이 더럽혀졌다고 여겨 피해 당일 바로 목욕을 해야겠다는 생각을 하지 않는다.
- 피해 당일 입은 옷가지들은 나쁜 기억을 불러와 세탁해야겠다고 생각하지 않는다.

정신적 대처법

- 진술 시 떠올리기 싫고 괴롭다고 해서 있었던 일을 함구하지 않는다.
- 정신적으로 힘이 들어도 정신과 상담은 받지 않겠다고 마음먹지 않는다.
- 나 스스로를 탓하지 않는다.
- 수치스럽고 부끄러운 일이라고 생각하지 않는다.
- 괜한 분란을 만든다고 생각하지 않는다.
- 내가 예민해서 그렇다고 생각하지 않는다.
- 씻을 수 없는 상처를 입었다고 생각하지 않는다.
- 이겨낼 수 없다고 생각하지 않는다.

- 자랑도 아닌데 괜히 떠벌린다고 생각하지 않는다.
- 내 선에서 처리할 수 있다고 생각하지 않는다.
- 배우자나 가까운 사람이 나를 어떻게 볼까 두려워하지 않는다.
- 나만 참고 넘기면 된다고 생각하지 않는다.

나는 성폭력 가해자다

- 어후, 너무 호로새끼라서 뭐라 써야 할지 감도 안 잡히네.
- 너는 그냥 18색이야, 이 새끼야.
- 염병하다 오사할 새끼야.
- 자수해라. 자수해서 광명 찾지 말고 꼭 죽어라.
- 두 번 죽어라.

청소년 편

'소문나면 어떡하지, 저 사람 힘 있어 보이는데 괜히 잘못 말했다 간, 부모님이 알면 뭐라고 하실까….'

니가 무슨 걱정을 하고 있는지 안다.
쫄지 마, 인마. 어깨 펴. 네 잘못 아니니까.
지금부터 내 얘기 잘 들어.

나 는 성 폭 력 피 해 자 다

신체적 대처법

- 신고를 두려워하지 않는다(112, 119 모두).
- 보호자나 부모님께 말씀드리는 것을 어려워하지 않는다.
- (초경을 했다면) 사후피임약 복용을 잊지 않는다.
- 몸이 더럽혀졌다고 여겨 피해 당일 바로 목욕을 해야겠다는 생각을 하지 않는다.
- 피해 당일 입은 옷가지들이 나쁜 기억을 불러와 세탁해야겠다고 생각하지 않는다.

정신적 대처법

- 진술 시 떠올리기 싫고 괴롭다고 해서 있었던 일을 함구하지 않는다.
- 정신적으로 힘이 들어도 정신과 상담은 받지 않겠다고 마음먹지 않는다.
- 나 스스로를 탓하지 않는다.
- 수치스럽고 부끄러운 일이라고 생각하지 않는다.
- 괜한 분란을 만든다고 생각하지 않는다.
- 내가 예민해서 그렇다고 생각하지 않는다.
- 씻을 수 없는 상처를 입었다고 생각하지 않는다.

- 이겨낼 수 없다고 생각하지 않는다.
- 소문나지 않을까 두려워하지 않는다.
- 부모님께 죄스러운 마음을 가지지 않는다.
- 동성 간 성폭력이라 쪽팔린다는 생각을 하지 않는다.
- 나만 참고 넘기면 된다고 생각하지 않는다.

나는 성폭력 가해자다

꼭 죽어라.

넌 그냥 개새끼야. 말했다, 꼭 죽으라고.

뒤질라고 환장을 하지 않고서야 어디 대한민국 청소년을 건드려?

아동편

사랑해요♡

우리 친구는 오늘 어떤 일이 있었나요?

・누가 나를 만졌나요? 누가 나에게 뽀뽀를 했나요? 누가 나에게 이상한 짓을 했나요?

약속해요. 아빠, 엄마한테 말씀드리는 것을 잊지 않기로.

우리 친구 잘못이 아니에요.

나는 성폭력 가해자다

이 ** *** **야 죽어, 이 *** ** *** **** *** **새끼가 어디

***** **** ** **.

성폭력 심화

직장 내 성폭력

사내 직급 및 권위를 이용해 애꿎은 사원들의 정신을 좀먹는 더럽고 자그마한 좀벌레 같은 새끼들아.

그 자그마한 권력 쪼가리 하나 부여해줬다고 그새를 못 참고 신나서 아주 지랄발광을 해대네.

'일 하다가 꾸중삼아.'

두 번 꾸중했다가는 포돌이한테 꾸중 듣게 생겼네.

'회식자리에서 분위기를 띄우려다 그만.'

분위기 두 번 띄우려다가는 니 이름 석 자에 빨간 줄 가게 생겼네.

'사기를 북돋아주려고.'

사기 두 번 북돋았다가 포승줄에 두 손 묶여봐야 정신이 번쩍 북돋겠네.

대가리에 총 맞았냐, 이 개새끼야?

아주 시발 턱주가리만 움직였다 하면 갖은 변명으로 염불을 쳐 외네.

가해자 승진시키고 피해자 퇴직시키는 느그들도 마찬가지로 벌레 새끼들
인데 간과할 뻔했네, 이 시발.

정신 차려라, 진짜.
복지가 별 게 복지가 아니다.
건전한 사내 분위기, 안전한 직장생활을 만들어주는 게 복지다.
명심해라.

종교 내 성폭력

신앙을 빌미로 더러운 탐욕을 내비추어 신도들의 온 정신과 육체를 빨아대
는 추잡하기 짝이 없는 거머리 같은 새끼들아.

'신도들을 위로하는 차원에서', '신도들의 죄를 씻기 위해.'
염-병 대가리 혹성탈출해서 천국 보내는 소리 쳐 하고 자빠졌네.
공양미 삼백 석으로 쳐 맞고 싶나.

야, 정신 차려라.
신의 매개라고 자처하고, 신이나 인물을 신격화해서 섬기고 모시는 새끼들이

저딴 개소리를 아가리라고 떼고 있네.

느그 신이 그래 가르치드냐.

학교 내 성폭력

교사가 학생을 가르치고, 학생과 학생이 배움을 나누고, 학생이 교사를 존경해야 마땅하거늘. 지위와 신분 또는 서열을 이용해 교사가 학생을, 학생이 학생을, 학생이 교사를 성폭력 해대기에 여념이 없네, 이 버러지 같은 새끼들이.

여기가 무슨 동물의 왕국이냐, 이 개새끼들아?

고작 그딴 약육강식의 세계나 처 배워오라고 비싼 돈 처 들여가면서 학교 보내는 줄 아나, 이 시발 자식들아.

이럴 거면 학교를 왜 가고, 왜 보내냐. 어디 오지에 처 던져버리고 강아지 캠이나 설치해놓고 말지, 으휴– 시발 참.

잘 들어라.

가르치라는 공부는 처 안 가르치고, 사귀라는 친구는 처 안 사귀고, 배우라는 공부는 처 안 배우고 허튼 짓거리하는 새끼들은 학교에 있을 자격이 없다.

니가 저질렀던 학교 외에 대한민국 다른 어느 학교에서도 니가 있을 곳은 없다는 소리다.

학교에서 나가라.

느그들은 가르칠 자격이, 배울 가치가 없는 새끼들이다.

눈, 코, 입 똑바로 주차돼 있을 때 말 들어라.

친족 간 성폭력

이런 말이 있더라.

친족 간 성폭력에서는 피해자만 미친 사람이 되면 된다고.

그럼 아무 일도 없게 되는 거라고.

친족이라고 쉬쉬하거나 방관하는 새끼들이 얼마나 많았으면 저런 말이 나돌겠냐. 무슨 말인지 알아들었으면 호적 파서 가해자인 니새끼 스스로 그 집에서 나가라. 용서고 지랄이고 필요 없다.

인간이길 포기한 새끼는 그냥 숨소리도 내지 말고 나가라.

두 번 말 안 한다.

인두껍을 쓴 더럽고 역겨운 해충 새끼들.

성희롱

"오~ 섹시한데."
'오~ 녹취 시작!'

자, 성희롱이란 무엇이냐.
말 그대로 성적으로 희롱하는
모든 언행을 일컫는다.

성희롱도 마찬가지로
예방법 같은 건 없다.
상대방 아가리에서 중구난방으로
처 튀어나오는 말을 어떻게 막냐,
상식적으로 대가리가 있으면 생각을 해봐라, ㅅㅂ.

11장 시작한다.
책 펴라, 책

상대방의 말이나 시선에
수치심을 느꼈다면 성희롱이다

말로 성희롱 하는 걸로도 모자라서 얼마나 많은 새끼가 얼마나 많이 염병을 떨어댔으면 '시선강간'이라는 말까지 생겨난 시점이다, 이 새끼들아.

이 성희롱이라는 게 또 얼마나 엿 같은가 하면,
상대방 아가리에서 튀어나오는 잣알 같은 말짓거리를 일일이 녹음하고 다니지 않는 이상 증거가 없다는 거다.
말하는 순간 공중분해되는 게 말인데, 증거 만들기가 쉽지 않다.
성추행과 비슷하게 가해자가 "그런 적 없다", "칭찬한 것뿐이다", "불쾌감을 느낀 줄 몰랐다" 등등 변명으로 일관하면 방법이 없다.

"오~ 엉덩이 섹시한데?" (×)
"이성친구랑 1박2일로 홍콩 갔다 오는 거야~?" (×)
"하체 튼실하네~." (×)

다 처 하지 마라. 분명히 말했다.

상대방이 니 언행으로 인해 성적 수치심을 느낄 여지가 조금이라도 있다면 눈과 아가리를 앙 다물어라. 그리고 상대방이 니 언행으로 인해 성적 수치심을 느꼈다면 '삐빅— 성희롱입니다.' 퉤이, 새끼야.

노출이 심한 옷을 피한다, 이성 앞에서 성적 욕구를 부추기는 행위를 하지 않는다 등등 이따위 것들을 예방법이라고 늘어놓을 생각은 하지 마라.

성희롱 대처법

가해자가 성희롱을 할 시 그 자리에서 상대방 아가리를 벌려서 충치치료 해주라고 하고 싶다만 현실로 돌아와서 얘기한다.

상대방이 백날 성희롱을 해대도 내가 성희롱이라고 말하는 순간, 나만 예민충 돼서 역풍 맞기 십상이란 걸 누구보다 잘 알 거다.

그렇다고 절대 그냥 웃어넘기거나 쉽게 흥분해서는 안 된다.

이 새끼들은 '약자'를 괴롭혀야 희열을 느끼고 직성이 풀리는 심리가 베이스로 깔려 있는 비열한 변태 새끼들이기 때문에 그런 모습을 보이면 더욱더 악랄하게 괴롭혀댈 거다.

가해자가 성적 수치심을 줬다면, 너는 모욕감까지 얹어주면 된다.

가해자에게 니가 약자로 보인 이상, 웬만한 대처로는 어린아이 재롱부리는 것 마냥 쳐다볼 게 자명하다.

약자라고 생각한 사람이 갑자기 본인 머리 꼭대기에 올라와 있다는 느낌을 받으면 그것만큼 참을 수 없는 게 없을 거다.

예 1) ✕

상대: (성희롱)

나: 어, 그거 성희롱인데요?

일동: 예민하네~. 무서워서 ○○씨 앞에서 말이라도 제대로 하겠어? ㅋㅋ

예 2) ✕

상대: (성희롱)

나: 너 고소.

상대: 증거 있음? ㅋㅋ

예 3) ○

상대: (성희롱)

나: ○○씨. 한두 번이야 제가 봐드릴 수 있지만, 자꾸 이러시면 제가 녹취를 할 수밖에 없잖아요~. 그죠?

상대: (할 말을 잃음)

성인편

아. 직. 도 피해자가 노출을 해서, 자극적인 행동을 해서 성희롱을 당하는 거라고 생각하는 일자무식인 새끼들이 지천에 깔렸다.

너는 ㅅㅂ 사고회로가 방범용이냐?

• 노출을 한다. ⇨ 관심을 받는다. ⇨ 즐긴다. ⇨ 정상
• 노출을 한다. ⇨ 관심을 받는다. ⇨ 불쾌하다. ⇨ 더 이상 관심을 두지 않는다. ⇨ 정상
• 노출을 한다. ⇨ 관심을 받는다. ⇨ 불쾌하다. ⇨ 지가 성희롱 하게끔 입어놓고 왜 나한테 지랄? ⇨ 비정상

이게 정상적인 사고방식이다. 딱 새겨 넣어라.

대가리 딸려서 암기가 안 되면 손바닥에 문신이라도 새겨 넣어서
처 외울 생각을 해라.

피해자의 평소 행실을 빙자해 모욕감을 주는 행위도 일절 금물이다.

저런 정신머리 버러지 같은 것들에게 휘둘려 '그래, 내가 옷을 너
무 야하게 입었어', '그래, 내가 평소에 이런 행동을 하지 않았더라
면…' 하며 본인 스스로 자책하는 어린 중생들도 참 많다.

그러지 않아도 된다. 아니, 그럴 필요도 없다.

길가다 모르는 새끼가 조롱하면 절대 내 잘못이 아니라고 생각하면
서 왜 이럴 때만 내 잘못이라고 생각하냐.

사회학적인 관점에서 원인과 결과 분석 및 결론 도출까지 해버리는
수고스러움을 군이 왜 자처하고 있냐고.

그러지 마라, 진짜.

나 는 부 모 다

생각보다 많은 부모가 지나치게 넓은 이해심을 가지고 있는 경우가
많습니다.

큰 분란을 만들기 싫어서, '이 까짓 걸로 뭘' 하면서 말입니다.

나이 어린 가해자가 성희롱을 하면 '어리니까 똥인지 된장인지 구분 못 할 나이니까 그럴 수도 있지', 나이 많은 가해자가 성희롱을 하면 '저 나이대 어른들은 다 그래.'

이거 상당히 위험한 사고입니다.

내 문제에서 그치지 않고 자녀에게까지 영향을 미칠 수 있단 말입니다.

자녀가 부모의 사고관을 닮는 것은 둘째 치고, 자녀가 성희롱을 당하고 왔을 때 그 사고관이 선명하게 나타납니다.

"네가 이해를 해야지, 네가 그렇게 행동하지 말았어야지" 하면서 말입니다.

성추행이나 다른 성폭력처럼 신체적 접촉이 아닌 말이나 시선으로 성적 수치심을 준다고 해서 직접적이지 않은 게 아닙니다.

별 것 아닌 일이 아닙니다.

당하는 사람은 마찬가지로 괴롭습니다.

다른 건 다 나처럼 살지 않길 바라시면서 왜 이런 문제만 닥치면 나처럼 살길 원하십니까?

부모가 자녀의 편이 아닌데, 자녀는 누굴 믿고 의지하겠습니까?

지금 세기가 벌써 21세깁니다.

부모가 먼저 본보기로 현명하게 대처하는 모습을 보여주고, 자녀에게 대처법을 길러주어야 할 때입니다.

나는 성인이다

내가 당장 당하지 않았다고 해서 내 일이 아닌 게 아니다.

내 일처럼 도와주는 건 바라지도 않는다.

피해자에게 고통만 더해주지 마라.

입 다물고 있는 거, 이거 너무 쉽잖아?

왜 입을 다물고 있질 못하니, 새끼야. 니가 김첨지냐?

명심해라.

아가리 벌려서 몰매 맞을 바엔 아가리 닫아서 침묵하는 게 낫다.

이런 구취 나는 새끼들한테 세뇌당해서 또 스스로를 자책하고 있는 어리석은 중생들아.

제발 그러지 마라.

암만 가해자보다 니가 더 잘못했겠냐.

가해자가 성희롱을 하면 현명하게 대처하면 된다.

대처하고 난 후엔 거기에 연연하지 말고. 네 멋진 인생만을 생각하며 살아가기에도 시간이 모자라다.

청소년 편

이게 성희롱인지 칭찬인지 뭔지 구분 못 해서 똑바로 대처 못 하는 이 어린 녀석들아.

도대체 뭐가 성희롱인지 딱 정리해준다.

• 내가 느낄 때 거부감이 없다. ⇨ 성희롱이 아니다.

• 내가 느낄 때 성적 수치심이 든다. ⇨ 성희롱이다.

단순하게 생각해라.

주변 사람들이 저건 성희롱이 아니라고 말해도 '네가' 성적 수치심을 느껴서 성희롱이라고 판단되면 그건 성희롱인 거다.

그렇다고 되도 않는 거에 성희롱이라고 막 갖다 붙이라는 말이 아니다. 명심해라.

네가 주체다.

절대 다른 사람이 니 감정을 대변할 수 없다.

노출을 한다. ≠ 성희롱을 당해도 된다.

네가 평소 행실이 어땠든, 성희롱을 당할 당시 노출 수위가 어땠든
그건 중요치 않다.
그건 절대 그 범죄에 정당성을 부여할 수 없다.
헷갈리지 마라.

이제 성희롱임을 감지했다면 앞장을 다시 펼쳐서 대처법을 익혀라.
그리고 대처해라.
한 번, 두 번 말해서 안 될 땐 얼른 부모님을 비롯해서 주변 어른들
에게 도움을 요청해라.

쫄지마, 인마.
넌 할 수 있다.

아동 편

사랑해요♡
우리 친구들, 오늘은 어떤 새끼가 개소리를 하던가요?
부모님께 말씀드렸나요?

'싫어요, 안 돼요'를 외칠 시간에 곧장 집으로 가세요.

더욱 빠르게 그 새낄 엿 되게 할 수 있답니다.

명심하세요~.

가해자 편

"요즘은 무슨 말을 못하게 해~", "조선시대에 태어났어야 해"라고 하는 새끼들은 진짜 조선시대에 태어났다면 지나가는 마님, 아씨들 눈도 못 마주치는 상놈 중의 상놈이었을 새끼들이 말이면 단 줄 아나, 이게.

'농담도 못 하냐, 칭찬을 칭찬으로 못 받아들인다, 예민하게 군다' 등등 개소리도 참 각양각색으로 구질구질하다.

이 구제불능 새끼야.

문제를 사서 만든다고도 생각하지 마라.

니 말하는 톤이 문제고, 니 말하는 싸가지가 문제고, 니 말하는 뉘앙스가 문제고, 니 말하는 내용이 문제고 그냥 다 문제다.

이 문제적인 새끼야.

지금부터 니 대가리 속에 딱 박아 넣어라.

"상대방이 성적 수치심을 느꼈다면 이유 불문 나는 성희롱을 일삼는 성범죄자다."

이해?

입 닥쳐, 이 개새끼야.

저딴 변명을 늘어놓는 걸 보면 니 새끼 니가 처 뱉고 있는 말이 성희롱인지 아닌지 분명하게 알고 있다.

더 이상의 이해는 필요 없다.

대가리 속에 비빔면이나 처 들어 있는 니 같은 새끼한텐 이해도 사치다. 니 머릿속에 든 비빔면 스까묵기 전에 그냥 달달달 처 외워라.

다음!

상대방이 니 언행으로 인해
성적 수치심을 느낄 여지가 조금이라도 있다면
눈과 아가리를 암 다물어라. 그리고 상대방이 니 언행으로
인해 성적 수치심을 느꼈다면
'삐빅- 성희롱입니다.'

성추행

"오해야. 내가 언제 그랬어."
'어디 증거 확보하고 나서 보자.'

상대방에게 성적 수치심이나

혐오 감정을 조장하는 일체의 행위를 뜻하며,

강제로 키스를 하거나 성기를 만지는 것

따위의 헛짓거리들을 일컫는다.

겨우 이만한 일로 큰 일 만든다고 생각하겠지만

그런 경기도 오산적인 생각은

잠시 넣어두도록 해라.

단순히 타인이 나를 만졌다는 불쾌한 감정에 그치지 말고

넓게 생각을 해라.

12장 시작한다.

책 펴라, 책

빠른 대응이
이차, 삼차 피해자를 막는다

성추행이 얼마나 엿 같냐 하면, 추행을 당한 당사자가 추행당했다는 입증을 제대로 못 한다는 거다.

그냥 만지는 건데 무슨 증거가 있겠냐.
떡하니 CCTV 바로 앞에서 그 엿 같은 짓거리를 했다손 쳐도 CCTV는 영상만 찍힐 뿐 목소리나 감정이 찍히진 않는다.
그저 "연인 사이였다", "동의하에 만졌다"는 가해자의 증언 한마디면 끝난다는 거다.

주변 시선도 마찬가지다.
"그거 좀 만졌다고 몸이 닳는 것도 아닌데 그냥 똥 밟은 셈 치고 넘어가지"와 같은 야유까지 들을 수 있다는 거다.
길 가다가 어깨만 부딪혀도 난리 부르스를 추는 새끼들이 남 일이라고 막 지껄여대는 거니, 전혀 개의치 마라.

엿 같은 새끼가 숨만 쉬어도 엿 같은데, 신체 부위를 엿같이 만져대

니 이 얼마나 엿 같은 일이냐.

오인 신고도 많고 그렇다 할 증거도 없으니 수사하는 입장이 이해가 안 가는 것도 아니다만, 피해자 입장에선 분이 안 풀리는 게 정상이다.

그래도 분을 잠시 가라앉히고 머릿속에 딱 박아 넣어라.

〈형법 제298조(강제추행)〉

폭행 또는 협박으로 사람에 대하여 추행을 한 자는 10년 이하의 징역 또는 1,500만 원 이하의 벌금에 처한다(개정 1995.12. 29).

성추행 대처법

어떤 미친 새끼가 대놓고 "내가 만졌어요" 하겠느냐마는, 지금으로선 가해자의 직접적인 증언이 담긴 녹취나 카톡 증언 따위가 가장 효과적인 방법인 것은 분명하다.

현장에서 즉시 신고한 후 가해자를 붙잡아두는 것도 매우 좋은 방법이지만, 상대적으로 약자가 피해자라면 위험부담이 크다.

저 새끼를 당장 찢어발기고 싶겠지만 최대한 분노를 가라앉히고 이성적으로 움직여야 한다.

때에 따라선 잠시 잠깐 연인인 척해서 증언을 유도하는 방법과 실토하지 않고는 못 배기는 상황을 만들어 증언을 확보하는 방법이 가장 좋다.

당장 분에 못 이겨 고소하겠다고 대뜸 가해자에게 으름장을 놓았다간 도리어 협박죄로 고소당하거나, 그를 빌미로 아무 증언도 확보할 수 없게 될 수 있으니 주의하도록 하자.

예 1) ×
피해자: 너 이 새끼 목 닦고 대기 타라.
가해자: 너 협박죄로 고소.

예 2) ×
피해자: 너 이 새끼 나 성추행했지?
가해자: 아니, 그런 적 없음.

예 3) ○
피해자: 그땐(사건 일시) 제가 너무 당황해서 경황이 없었네요. 저도 당신께 호감이 있으니 당신도 제게 호감이 있다면 말씀해주세요.
가해자: 사실 나 너한테 호감 있음.
피해자: 역시, 그래서 제 신체 부위를 만지셨군요. 진작 말씀을 하

시지 그러셨어요. 너무 갑자기 그러셔서 상처받을 뻔했어요. 제게
호감이 있는 줄 알았다면 저도 당연히 동의했을 텐데요.

가해자: 사실 니가 부담스러워 할까 봐 말을 못했음. 그때 신체 부
위를 만진 건 미안함.

피해자: ㅇㅋ, 증언 확보.

성인 편

우리는 그 누구도 위협적이거나 강한 사람에게 동의 없이 쉽게 스
킨십을 할 수 없다. 이 말인즉슨, 가해자에게 넌 인격적으로 하대
또는 무시를 받고 있다는 말이다.

한 번 그런 새끼가 두 번 그러지 말라는 법 없고, 한 번 무시받은 사
람이 두 번 무시받지 말란 법 없다.

잘 들어라.

한 번 성추행당했을 때 두 번 다시는 그런 짓거리를 하지 못하도록
조치를 취해놔야 두 번이 없다.

너의 노력이 담긴 가해자의 증언과 한 번의 신고가 너뿐만 아니라
다른 이차 피해도 막을 수 있다는 걸 명심해라.

나는 부모다

부모가 돼서 밖에서 이런 취급이나 받고 있다고 자책할 필요 없습니다.

배우자가 알면 도리어 나에게 화를 낼까 두렵고, 자식이 알면 부끄러워서 얼굴도 못 들고 다닐까 두려운 심정 이해는 합니다만, 그 감정을 격려할 수는 없겠습니다.

배우자가 성추행 사실을 알고서 화를 낸다면 배우자를 갈아치우면 될 일이고, 자식이 성추행 사실을 알고서 부모를 부끄러워한다면 제대로 훈육을 하면 될 일입니다.

정작 신고는 하지 않고 혼자 끙끙 앓고만 있다고 해결되는 문제가 아닙니다.

타인이 성추행을 당한 일에는 마땅히 화를 내면서, 왜 본인이 성추행을 당한 일에는 그저 묵묵히 감정만 삭히고 계십니까.

마땅히 화낼 일에 화내십시오.

나는 성인이다

사회 경험이 미숙해서 혹은 사회 경험이 많아도 이런 일엔 익숙치 않아서 등등 여러 가지 복잡한 이유로 성추행을 덮고 넘어가는 일이 많다는 걸 안다.

아무리 사회 경험이 많고, 아무리 이런 일에 익숙하지 않다 한들 그때그때 현명하게 대처하기란 쉽지 않다.

그러나 당장 힘들 것을 생각해 이번 한 번 그냥 참고 넘어간다면 다음에 또 이런 일이 생겼을 때 넌 반드시 또 그냥 참고 넘어가게 될거다.
수고스럽더라도 곤욕스럽더라도 증언 확보하고 신고해라.
훗날 돌이켜봤을 때 분명 '그때 신고 안 하길 잘했어'보다는 '그때 신고하길 잘했어'가 될 거다.

처리가 안 됐을 땐 할 수 없지만, 적어도 네가 가해자를 신고하려고 시도한 것만으로도 가해자에겐 크나큰 위협이 됐을 거다.
그러니 더 이상 가해자 앞에서 네가 죄지은 것 마냥 고개 숙이고 다니지 마라.

나는 가해자다

제대로 된 호감 표현 하나 처 못 하는 찌질이 새끼가 성추행할 땐 용기가 참 가상하다, 이 개새끼야.
넌 지금부터 아무것도 처 하지 말고 이것만 외운다.

다른 건 다 필요 없다.

어차피 스킨십을 행함에 있어 상대방 동의가 왜 필요한지 대가리 속에 개념조차 안 박혀 있는 새끼이기 때문에 성추행을 하면 니가 어떻게 잣 될 수 있는지 알려주는 수밖에 도리가 없다.

한 번 추행이 어렵지, 두 번, 세 번 추행은 쉽지?

피해자도 마찬가지다.

피해자 한 명의 신고가 어렵지, 두 명, 세 명의 신고는 더 쉽고 너의 처벌도 아주 쉽게 가중된다는 걸 명심해라.

으이구~. 이 하나만 알고 둘은 모르는 빡대가리 새끼야.

청소년 편

성인에 비해 한 없이 약자고 세상물정 모르는 청소년들이 성추행

타깃이 되는 것은 너무나도 쉽다.

그러나 그만큼 처벌도 강하다.

절대 두려워하지 마라.

혼자 힘으로 안 될 땐, 부모님이나 주변의 어른에게 도움을 요청해라. 반대로 주변 상황이 여의치 않을 땐 혼자라도 움직여야 한다.

성추행당한 일이 두렵다고 해서, 부끄럽다고 해서 묻어놓고 지내다가 두고두고 트라우마가 생길 것 같다면 신고하는 것이 옳다.

설령 신고하지 않더라도, 그 어떤 상황에서도 가해자에게 네가 먼저 사과하는 일 따윈 없어야 할 거다. 두려운 감정이 앞서 가해자에게 먼저 사과하고 두고두고 후회하는 피해자들이 상당하기에 하는 말이다. 명심해라.

더욱 명심해야 할 것은

두려워해야 할 짓, 부끄러워해야 할 짓은 가해자가 다 처 했는데 도리어 피해자인 네가 움츠러들어서는 절대 안 된다는 거다.

나 는 가 해 자 다

더할 나위 없이 개 쓰레기인 새끼들아.

너것들도 지금부터 아무것도 처 하지 말고 이것만 외운다.

강제 추행을 하면 징역 10년 이하 또는 1,500만 원의 벌금에 처할 수 있다.

아동 편

사랑해요♡

우리 친구는 오늘 어떤 일이 있었나요?

누가 내 몸을 강제로 만졌나요?

저런, 너무 많이 속상했겠어요.

더 이상의 '싫어요, 안 돼요'는 필요 없어요.

그 새낀 엿 된 거예요.

겁먹지 말고, 바로 부모님께 이야기하세요.

다음 장 펼게요.

잘 들어라.
한 번 성추행당했을 때
두 번 다시는 그런 짓거리를 하지 못하도록
조치를 취해놔야
두 번이 없다.

성폭행&강간

"에이, 먼저 꼬셨잖아요."
"지나가는 사람 죽여 놓고
'니가 먼저 다가왔잖아' 할 새끼네."

상대방 동의 없이 성관계를 시도하고

협박이나 폭행 따위의 불법적인 수단으로

사람을 간음하는 모든 행위를 일삼는 짓거리들을 일컫는 말이다.

폭력은 폭력일 뿐,

성폭력이라고 해서 다를 것 없다.

폭행당한 것 하나로 더럽혀졌다고 생각하지 마라.

절대 더럽혀진 게 아니다.

죄 지은 놈이 그 죄와 업보를 뒤집어써서 더러워진 거지,

왜 피해당한 니가 더럽혀진 거냐.

말이 되는 소리를 해라.

13장 시작한다.

책 펴라, 책

네가 동의하지 않은 모든 행위는
폭력이다

————

성폭행과 강간은 성을 이용해 성으로 성을 때리는 행위이다.

"쟤가 먼저 꼬셨어요" 등등 어, 그래 뭐 하여튼 개소리하느라 수고
가 많다.

성폭행당하고 싶어서 당하는 사람은 없다.
"성폭행당하고 싶어서 안달인 사람 있던데요?"
야, 이 18 새끼야. 본인이 아는 사람과 합의하에 이루어진 성관계
에서 성폭행당하는 '척'하고 싶다는 거겠지. 어떤 사람이 본인이 모
르는 사람과 동의 없이 이루어진 성관계를 하고 싶겠냐.
대가리가 있으면 생각을 좀….
아우, 18 입이 다 아프다, 개새끼야.

> **〈형법 제297조(강간)〉**
> 폭행 또는 협박으로 사람을 강간한 자는 3년 이상의 유기징역에 처한다.

〈형법 제297조의2〈유사강간〉〉

폭행 또는 협박으로 사람에 대하여 구강, 항문 등 신체(성기는 제외한다)의 내부에 성기를 넣거나 성기, 항문에 손가락 등 신체(성기는 제외한다)의 일부 또는 도구를 넣는 행위를 한 사람은 2년 이상의 유기징역에 처한다.

성폭행당할 때까지 시뮬레이션 돌리면서 대처법 생각하고 다니는 사람도 없다. 백날 시뮬레이션 돌려도 상황이 닥치면 몸이 얼고 뇌가 정지되는 게 다반사다.

막상 상황이 닥쳤을 때 대처하기란 쉽지 않다.
외국의 어떤 노인은 집에 들이닥친 강간범에게 본인이 에이즈에 걸려서 몇 년을 참았다며 얼른 오라는 손짓을 해 강간범을 내쫓은 사례가 있다. 하지만 그만큼 연륜이나 순발력이 없다면 사실상 불가능한 대처다.

뭐? 소리 지르기? 반항하기?
죽으려면 뭔 짓을 못 하겠냐.
성폭행 가해자가 살인자가 되기까지 얼마나 짧은 시간이 소요되는지 뭐 알고 하는 소리냐?

죽을까 봐 대처 안 하면 대처 안 했다고 지랄, 대처하면 죽이고 지랄. 어느 장단에 맞출까?

어? 말을 해봐. 친구야. 확― ㅅㅂ 그냥.

폭행당한 것도 억울한데 피해자가 똑똑하고 현명한데다 지혜롭고 순발력 있기까지 해야 하니 이 얼마나 비참한 상황이냐.

성인·청소년 편

옷차림이 단정치 못해서, 가해자와 눈이 마주쳐서부터 시작해서 하필 그 길로 가서, 하필 그 시간에 거기 내가 있어서까지 등등 말 같지도 않은 이유들을 갖다 붙이면서 자책해대지 마라.

성폭행이란 건 말이다.

네가 성당이나 절에 있어도 당할 수 있고, 네가 히잡을 뒤집어쓰고 있어도 당할 수 있고, 대낮에 대로변을 걷고 있어도 당할 수 있고, 술 한 모금 마시지 않아도 당할 수 있는 거다.

그 가해자 새끼가 그렇게 할 수밖에 없었던 이유를 지금 네가 너 스스로 갖다 붙이고 있는 거라고.

알아듣겠어?

그딴 인간 같지도 않은 새끼한테 당위성을 부여해주지 말란 말이야, 인마.

잘 들어.

네가 홀딱 벗고 제 발로 더러운 새끼들이 우글거리는 소굴로 기어들어갔다고 해도 네가 동의하기 전까진 아무도 너를 건드릴 수 없다는 게 제1원칙이다.

너 스스로 그 원칙을 깨서 절망하고, 가해자로 하여금 공격받는 어리석은 일이 없게 해라.

거기 피해자한테 더러운 오명 씌우고 자책하게끔 만드는 너도 마찬가지야, 새끼야.

어디서 눈알을 굴려.

가해자의 범죄와 피해자의 과오를 동일선상에 놓고 함께 처벌받길 원하는 그 더러운 잣대 좀 그만 들이밀지?

내 얘기 똑바로 들어.

네가 자책하는 순간 가해자 편을 들어주는 꼴밖에 안 돼.

절대 자책하지 마라.

그럴 시간이 없다.

성폭행 피해를 당했다면 내가 앞장에서 일러준 대처법으로 얼른 병원에 내원해 진찰을 받고, 진단서를 끊고, 사후피임약을 처방받고, 신고 접수도 해야 하고, 정신과 진료도 받아야 하고. 지금 할 일이 얼마나 많은데 자책하고 있을 시간이 어디 있냐고.

너 잘 버텨줘서 고맙다고.

살아 있어 줘서 고맙다고.

네 존재 자체가 얼마나 고마운데 스스로가 자책을 하고 그러냐.

너, 잘못한 거 하나 없다.

성폭행 피해당한 것도 억울하고 분통이 터지는데 그 대상이 '나'로 가서야 되겠냐.

'내가 그런 행동을 해서'가 아니라 '그 새끼가 하필 나한테 와서'로 생각을 바꿔보도록 하자.

나는 부모다

성폭행을 당해도 배우자가 알까 두려워, 자식이 알까 두려워 신고

조차 하지 않는 부모님들 참 많이 계십니다.

똑바로 들으세요.
내가 대처할 수 있어야 내 자식 케어도 할 수 있습니다.

내가 현명하게 대처하는 모습을 보이면 자녀는 절대 가해자가 될 수 없습니다.
내가 현명하게 대처하는 모습을 보이면 자녀는 절대 위축될 수 없습니다.
내가 현명하게 대처하는 모습을 보이면 배우자는 절대 나를 기만할 수 없습니다.

성폭행을 당하지 않아도 마찬가집니다.
뉴스 보고 피해자 욕하는 부모의 자녀는 똑같이 피해자에게 책임전가하면서 가해자가 될 거고요. 자녀가 피해를 입어도 찍소리도 못하는 등신천치가 될 겁니다.

가끔 가다 그런 버러지 같은 부모도 있더란 말입니다.

성폭행이라고 해서 꼭 모르는 사람한테 당하는 법도 없습니다.

부부 사이에도 일어날 수 있습니다.

동의 없이 일어난 성관계는 다 성폭행&강간으로 간주됩니다.

명심하세요.

나는 성인·청소년이다

사람이 큰 충격을 받으면 정상적으로 사고하지 못하는 경우가 더러 더러 있다.

성폭행 피해를 입어도 후에 어떻게 대처해야 할지 도무지 생각이 나지 않는 그런 경우다.

그럴 땐 아무것도 떠올리지 말고 오로지 '병원' 혹은 '119'만 떠올려라. 정신이 들고 기운을 차리면 다음으로 처리해야 할 것들이 저절로 떠오를 테니 말이다.

연인 사이에도 성폭행&강간은 언제든지 일어날 수 있다.

네 동의 없이 강제로 성관계를 시도하는 행위뿐만 아니라, 네 동의를 종용하거나 협박해서 성관계를 시도하는 행위 또한 성폭행&강간으로 간주될 수 있다.

꼭 알고 있어라.

아동 편
사랑해요♡

우리 친구들, 오늘은 정말 많이 '아야!' 했겠어요.

잘 버텨줘서, 살아 있어 줘서 고마워요.

이제 부모님이, 경찰관분들이, 형사님들이, 아니 우리 모두가 그 버러지 새끼를 엄벌에 처할 시간이에요.

우리 아무 걱정 말고 치료 잘 받고, 밥 잘 챙겨 먹기로 약속해요.

가해자 편
느그들은 쓰레기다.

그것도 아주 갱생 불가능한 쓰레기 새끼들이다.

강간미수, 유사강간 너희들은 뭐 다를 것 같냐?

다 똑같은 인간 말종 새끼들이 즈그들끼리 급 따지고 앉았네.

더럽고 냄새나는 네 성기에 하얗게 서린 때 찌끄레기만도 못한 주제에 모가지에 힘 처 실려서 고개 빳빳하게 처 들고 다니는 꼬라지를 보고 있자니 기도 안 찬다. 너것들은 대한민국에 사형제도가 시행되지 않는 걸 다행으로 생각해라.

다음, 18 다음!

약물 강간

자, 이젠 하다하다 약물로도 범죄를 저지르는 이 인간쓰레기 같은 새끼들 아. 잘 들어라.

뭐 데이트 약물, 최음제, 돼지 발정제, 환각제, 마약 등등.

아주 부르는 이름도 제각각이고, 아주 엿 같다. 결론은 사람 몸에 치명적이고, 의사를 불분명하게 만드는 약물임은 다 똑같다.

도대체 어디서들 처 구입해 와서는, 범죄도 참 18~ 아주 다채롭게 저지르고 있는 실정이다.

나 참, 이 새끼들 심리를 도통 모르겠네.

달아오르는 분위기를 연출하고 싶으면 최음제나

사람 몸에는 못 쓰는 돼지 발정제가 아닌 캔들을 켜든, 커튼을 치든, 조명을 켜든 알아서 하면 될 일이다.

환상적인 성관계를 하고 싶으면 두 사람이 합의하에 최고의 체위와 성감대를 찾거나 성인기구를 활용하면 될 일이다.

미치도록 원하는 상대가 있으면 적극적으로 고백해서 마음을 얻어내면 될 일이다.

왜 저따위 불법적인 방법으로 지 인생 잣 될 일을 자처하는지 난 모르겠네.

나 원~.

이유야 어찌됐든 느그들은 쓰레기야, 인마.

이건 상대방이 동의하고 말고를 떠나서 명백한 위법행위인 걸 명심해라.

뭐? 미국은 마약, 약물, 대마 이런 거에 관대하다고?

이- 새끼가 아메리카 원주민들도 약물 범죄 때문에 일일이 술잔 들고 다니는 판국에 어디서 이 18 건방지게 아메리칸 스타일을 운운하고 있어, 뒤질라고.

변명, 핑계 대지 마라.

범죄는 범죄다.

너네 저런 약물로 피해본 피해자들의 건강이 얼마나 망가진 줄 알고나 하는 짓이냐?

같은 사람으로서 할 짓이 있고, 못할 짓이 있는 거다.

명심해라.

순간의 욕구를 못 참아서 돌아올 수 없는 강을 건너지 마라.

나는 피해자다

기억은 나지 않지만 내 몸에 성폭행 또는 강간의 흔적이 있다?

자고 일어나 보니 전날 기억이 지나치게 흐리거나, 그날따라 이상하리만치 취기가 올랐거나, 숙취와 달리 몸 상태가 평소와 같지 않다면 그 즉시 병원으로 달려가라.

너는 지금 단순 숙취나 몸의 이상신호로 기억과 정신을 잃은 것이 아닌, 약물 강간 피해자다.

기억을 잃었다고 해서 네가 할 수 있는 게 없다는 뜻은 아니다.

병원을 다녀왔다면, 정신을 무장한 후 그 즉시 경찰에 신고해 그날 그때의 정황을 낱낱이 밝혀내야 한다.

작은 피해자를 건드리면 아주 잣 된다는 걸 보여줘야지.

성폭행당할 때까지
시뮬레이션 돌리면서 대처법 생각하고 다니는 사람도 없다.
백날 시뮬레이션 돌려도 상황이 닥치면 몸이 얼고
뇌가 정지되는 게 다반사다.

성매매

"너무 외로워서…."
"돈 주고 한 거지 누구한테 피해를 준 건 아니잖아."

일정한 대가를 주고 받으며 성을 사는 구매 행위,

성을 파는 판매 행위를 일컫는 말이다.

성을 사고판다는 건, 즉 사람 몸속의 장기를 거래하는

장기매매, 인신매매와 같다.

만취 상태로 룸빵에서
철학을 내뱉는 것만큼 멍청한 게 없다.
지퍼 내리면서 철학을 내뱉지 말란 말이야, 이 새끼야.
나라에서 하지 말라는 건 좀 하지 마라.

14장 시작한다.
책 펴라, 책

사회에서 허락하지 않는 건
하지 마라

———

자, 성매매 종류에는 1종 유흥업소에서는 업소 종업원과 이차를 가는 행위, 일정한 대가와 성관계를 목적으로 만나는 일명 조건 만남과 원조교제 같은 행위, 애인 대행 서비스, 유사 성행위를 자행하는 키스방, 불법 안마시술소 등이 있다.

또 임신한 청소년을 상대로 낙태비 마련을 빙자해 성매매를 알선하거나, 상대적으로 판단력이 흐린 청소년들에게 혹은 취업이 어려운 취준생들에게 그 내용을 속이고 아주 손쉽고 빠르게 검은 손길을 내뻗어버리는 버러지만도 못한 알선 행위들이 즐비하다.

성인 편

성 구 매 행 위

'마음이 외로워서, 술친구가 필요해서, 배우자가 무심해서···.'
우울하면 정신과 치료를 받아, 이 버러지야.

'분위기상, 회식 때문에 어쩔 수 없이, 친구가 설득해서···.'

입 닫아, 새끼야.

말도 말 같은 소릴 해야 들어주지. ㅉ

니 아가리에 총구 들이밀고 안 가면 죽인다고 협박한 게 아닌 이상 그딴 엿 같은 변명은 안 통한다.

차렷, 열중쉬어, 차렷.

바지 마저 올려, 새끼야.

그리고 중요하다. 잘 들어라.

지금부터 니가 해야 할 일이 있다.

내가 성구매 행위를 하면 어떤 법적 처벌을 받고 어디까지 짯 될 수 있는지 필히 암기한다, 실시.

〈성매매 알선 등 행위의 처벌에 관한 법률 제21조 벌칙〉

① 성매매를 한 사람은 1년 이하의 징역이나 300만 원 이하의 벌금 · 구류 또는 과료에 처한다.

〈형법 제242조 음행매개〉

영리의 목적으로 사람을 매개하여 간음하게 한 자는 3년 이하의 징역 또는 1,500만 원 이하의 벌금에 처한다.

이유 불문이다.

하지 마라.

하지 말라고 했다.

'돈을 쉽게 벌어서, 생활고에 시달려서, 능력이 없어서···.'

그래, 니 장기 팔아 돈 벌어서 좋겠다, 새끼야.

생활고에 시달릴 정도면 정부 보조금이라도 받으면서 열심히 일할

생각을 해야지.

'친구 때문에 어쩔 수 없이···.'

어쩔 수 없는 건 없어, 인마. 변명하지 마.

너 이 사회가 얼마나 냉정한 줄 아냐?

그딴 말 같지도 않은 변명은 청소년한테도 안 통한다.

하루에 수십만 원에서 수천만 원까지 그것도 현찰로 일반 직장

인들은 만져보지도 못하는 금액이 손에 들어오니까 끽 해야 월

200~300만 원 버는 다른 일은 눈에도 안 들어오겠지.

배운 게 도둑질이라고 막상 이제 와서 다른 일 하려니 두렵겠지.

돈 쓰러 오는 새끼들만 상대하다 보니 돈 버는 법은 모르고, 돈 쓰

는 법만 깨우쳐 버려서 돈을 어떻게 벌어야 할지 감도 안 잡히겠지.

일단 벗어나라.
사람은 적응이 빠른 동물이라 일단 목구멍에 쌀 한 톨 안 들어가면
몸이 먼저 움직이게 돼 있다.

넌 할 수 있어, 인마.
작심만 하면 나라도 구할 수 있다고 했다.
이미 엎질러진 물 주워 담을 순 없지만 닦을 순 있잖아.

직업에 귀천은 없다지만 나라에서 인정해주지 않는 직업은 직업이
아님을 명심해라.
물론 선택은 자유다.
그러나 법 앞에서는 자유롭지 못하지.

성 매 매 알 선 행 위

퉤.

〈성매매 알선 및 행위의 처벌에 관한 법률〉 제19조(벌칙)

① 다음 각 호의 어느 하나에 해당하는 사람은 3년 이하의 징역 또는 3,000만

원 이하의 벌금에 처한다.

1. 성매매 알선 등 행위를 한 사람

2. 성을 파는 행위를 할 사람을 모집한 사람

3. 성을 파는 행위를 하도록 직업을 소개 · 알선한 사람

② 다음 각 호의 어느 하나에 해당하는 사람은 7년 이하의 징역 또는 7,000만

원 이하의 벌금에 처한다.

1. 영업으로 성매매 알선 등 행위를 한 사람

2. 성을 파는 행위를 할 사람을 모집하고 그 대가를 지급받은 사람

3. 성을 파는 행위를 하도록 직업을 소개 · 알선하고 그 대가를 지급받은 사람

청소년 편

성 구 매 행 위

잘– 한다. 잘– 해. 18, 어디서 못된 것만 처 배워와서는 평생에 한
번도 안 해도 될 짓거리를 벌써부터 처 하고 앉아 있네.
복날 개 맞듯이 처 맞아봐야 정신을 차리지, 이씨.

성 판매 행위

아이구~, 이 어리석은 친구야.

좋은 옷, 좋은 오토바이 타고 싶겠지.

모두모두 같은 교복, 같은 취급이 진저리나게 싫고, 어떻게든 튀어

보려 발악해봤자 만 19세 미만 청소년이야.

장기 팔아 돈 번다고 인싸 아니고, 튀는 거 아니다.

'선배가 협박해서···.'

당장 부모님이나 학교 선생님께 말씀드리고 신고해라.

시키는 거 안 한다고 안 죽는다.

니 눈에 대단해 보이는 선배일지라도 사실 좆도 아니거든.

겁먹지 마.

'호기심에···.'

에라. 호기심에 똥도 처먹겠다, 새꺄.

그 호기심과 창의력으로 특허를 내봐라. 반드시 성공한다.

'집이 어려워서···.'

세상에 자식이 장기 팔아 돈 벌어오는 걸 두 팔 벌려 환영할 부모는

없다. 명심해라.

"사진 몇 컷만 찍으면 현금으로 몇십만 원 당일 지급해줄게." (×)
"영화도 보고 밥도 먹으면서 즐거운 시간만 보내면 몇십만 원 준다
니까? 너도 좋고 나도 좋고." (×)
"힘든 일 아니야. 그냥 잠깐 몇 시간만 때우고 오면 돼." (×)

보기에도 그럴 듯해 보이고 돈도 많이 준다고 선뜻 따라나서지 마
라. 이 세상에 안 힘들고 안 위험한데 돈 많이 주는 일은 단언컨대
없다.

그래도 좋은 일인지 나쁜 일인지 구분이 안 되면 항상 부모님이나
학교 선생님과 먼저 의논해라.

이미 저질러 버렸다고 낙심하지 마라.
늦지 않았다.

혼자 힘으로 벗어나기 어려우면 주변 가까운 센터나 상담소를 찾아
가는 것도 괜찮다.
부모님께 솔직하게 털어놓고 도움을 청하는 것도 아주 좋은 방법이
다. 네 부모님은 너가 살인을 저지르고 왔다고 해도 네 편이니까.

성매매 알선 행위

너는 니 동생 같은 아이들한테 그러고 싶냐? 그 어린 나이에 뒷세계 알선해주고 그러면 폼 나냐? 어~ 밤의 세계는 낮의 세계와 달라? 염~병, 육갑 떨고 있다.

뒤지고 싶냐?

힘 빠진다.

다음 장 펴라.

성 상품화 (feat. 성적 대상화)

자, 성 상품화란 무엇이냐.
한마디로 성을 상품화시킨다는 말이다.

자의에 의해 성을 상품화해 판매하거나 구매하는 행위, 타의에 의해 성을
상품화 당하는 행위 등을 말하는데, 이러한 엿장수 엿으로 윷놀이 처 하는
소리는 가급적 지양하는 것이 좋다.

성을 구매하는 행위, 지속적으로 성 소비 의사를 표출하는 행위, 성을 상품
화해 소비자를 끌어들이는 행위, 정신적으로 미숙한 아동 청소년을 이용해
성을 상품화하려는 행위, 성을 판매하는 행위, 성을 취득할 목적으로 물질
을 제공하는 행위 등등.
다 처 하지 마라.

성은 매매가 이루어질 수 있는 수단이 아니다.
성은 이용가치가 있는 수단이 될 수 없다.
성은 대가성으로 지불할 수 있는 수단이 아니다.

아동 성 상품화, 성인 성 상품화 다 똑같다.

아동은 이차 성징이 오지 않은, 성적으로 아무런 발달이 되지 않은 미성숙한 나이이기에 단순히 특정 성을 판매하거나 그것을 소비하는 개 미친 짓거리는 하지 말아야 한다. 해당 아동의 성 가치관이 흔들릴 수 있고, 잘못된 성 지식을 습득할 수 있기 때문이다.

아동의 성을 이용해 소비자들의 성적 욕구를 야기할 수 있는 행위는 다 처하지 말라는 얘기다. 아동이 성을 상품화한다고 해서 그것을 지적하는 것이 아닌, 오히려 그것에 열광하고 소비 욕구가 생긴다면 당신은 개 삽그릇 같은 버러지 새끼입니다.

아동 스스로가 이를 원하더라도 말려야 사람 새끼입니다.

성인은 이차 성징을 거친 성적으로 발달된 나이대지만 잘못된 성 가치관으로 자의든 타의든 성에 지속적으로 노출되고 판매하는 행위를 한다면, 행위자 본인은 정신적으로 큰 혼란을 야기할 수 있으며 특정 범죄에 노출될 수 있는 위험성이 대단히 크다.

또한 이를 소비하는 소비자들도 마찬가지로 잘못된 성 가치관을 확립하여 잘못된 것을 잘못된 줄 모르고 지속적으로 소비해 기타 불특정 다수 성인들에게도 같은 영향을 끼칠 수 있다.

성 상품화는 곧 성매매로 이어질 확률이 대단히 크고, 아동/청소년/성인 가릴 것 없이 제대로 된 성 가치관을 정립하려면 가정에서부터 아이 영어 유치원 보낼 시간에 성교육부터 제대로 가르치는 게 맞는 거다.

성은 판매할 수 있는 물건이 아니고, 성은 구매할 수 있는 물건이 아니라는 그 한마디를 똑바로 못해서 이 모양 이 꼴로 만들어놓은 현존하는 지성인들은 반드시 집구석에서 대가리 처박고 반성해야 한다.

시장 경제 원리에 의거, 수요가 있어야 공급이 있는 법.
고객의 needs가 있기 때문에 공급이 이루어진다는 뜻이다.

이 기본적인 경제 원리를 개박살내고 공급이 있어야 수요가 있는 거라고 아가리에 확성기 처 달아놓고 '계란이 왔어요~' 사운드로 유튜브 1시간 반복 재생하듯 풀로 지껄이는 새끼들이 상당한데, 에라이~ 개미집 새끼야.
닭 사료로도 안 쓰일 대가리 우수수 모래가루 내놓은 새끼들이, 너희들만 없으면 만사가 형통하다, 인마.

feat. 성적 대상화
연예인, 승무원, 간호사, 군인, 경찰 등등의 직군은 니 성 노리개가 되어줄 직군이 아닙니다. 그들이 입는 유니폼 또한 니까짓 냄새나는 것들이 더러운 욕정을 품으시라고 처 만들어놓은 게 아닙니다. 이 18 새끼야.

로망과 환상 정도는 내가 이해한다.
온갖 망상에 젖어 망가나 포르노를 처 만들어놓고 그걸 또 좋다고 들여다보고 처 앉아 있네. 으휴~.

특정 직군뿐만이 아니다.
길거리 지나가는 행인들 남녀노소를 불문하고 기억해뒀다가 기어이 방구석에서 자판 두들기면서 그들을 성적으로 평가하고, 깎아내리거나 찬양을 해야 직성이 풀리는 대가리에 떡사리만 그득그득한 새끼들아.

해당 상대가 상처받는 건 기본이고, 해당되지 않은 특정 성별도 마찬가지로 상처받을 수 있다는 걸 알아야지, 니가 사람 새끼라면.
어디 가서 니 상판에 난 뾰루지 하나만 지적당해도 방구석에서 하루가 넘도록 이불을 걷어차고 사흘 밤낮을 되새기며 개지랄 염병을 다 떠는 새끼가 아가리 떼는 데는 망설임이라곤 없다.
명심해라. 인생사 역지사지다.
항상 상대방 입장에서 먼저 생각해라.

몰카

"그냥 나 혼자 볼 건데."
"응, 너 혼자 '단톡방'에서 보겠지."

사전적 의미로는 몰래카메라의 줄임말로

카메라를 이용해 몰래 찍는 행위를 일컫는 말이지만,

성폭력에 해당되는 의미로는 상대방 동의 없이 상대방의 성에 대한

모든 것을 찍어 담는 행위를 일컫는다.

몰카범 & 유출범 새끼들의 심리는

아주 더럽다.

피해자가 두려워하는 것에

환장을 하고 희열을 느낀다.

15장 시작한다.

책 펴라, 책

남의 귀중한 사생활
처 찍다가 인생 골로 간다

————

이번 편은 성인, 청소년으로 통합한다.

잘 들어라.

몰카 예방법 같은 건 있을 수가 없다.

"그러게 조심을 했었어야지."

야이, 18아! '몰래' 카메란데 어떻게 조심해?

'몰래' 처 찍는데 무슨 수로 피해?

또 잣지랄하네, 또.

"그러게 주변을 잘 살폈어야지."

아이고— 18. 호두까기 인형으로 잣 까는 소리 처 하고 앉았네.

야, 인마. '몰래' 처 찍는 건데 지 딴엔 얼마나 안 들키려고 애쓰면서

숨겼겠냐.

주변 살펴서 바로 알 것 같으면 그게 '몰래' 찍는 거냐? '대놓고' 찍

는 거지, 이 병신 새끼야.

개소리가 아주 육해공으로 즐비하다, 개새끼야.

그따위 개 짖는 소리는 그만하고, 잘 들어라.

몰카? 유출?
잣 까라 그래.
절대 쫄지 마라.
너 잘못한 거 없다.

니가 굽신거릴수록, 쩔쩔맬수록, 겁먹을수록 가해자 원대로 해주는
것밖에 안 된다.

당당해도 돼. 죄 지은 거 없어.

뭐, 평소 행실? 그러게 왜 성관계를 했냐고?
그러게 왜 공중변소에서 똥오줌을 쌌냐고는 안 물어보냐,
이 개새끼야?
왜, 똥오줌이나 속옷 몰카가 아닌 성관계 몰카면 뭐가 달라지냐?
가해자와 피해자가 똑같이 잘못한 것 같아지고 그래?
입 다물어, 이 시발 자석아.

영상 속에 뭐가 들었든 찍고 유포한 놈이 불변의 죄인인 거다.

이 세상에 똥오줌 안 누는 사람이 어디 있고, 일평생 살면서 성관계 한 번 안 하는 사람이 어디 있냐.

인터넷상에서야 지가 21세기 진정한 간디고, 뒤지면 몸에서 사리 쳐 나온다고 밥만 처먹었다 하면 쉰소리 해가며 설쳐대지. 감히 네 앞에서 어느 누가 미치지 않고서야 그딴 말 같잖은 개소릴 함부로 지껄여? 뒤질라고.

"너, 찍혔다며? 앞으로 사회생활 어떡하려고 그래⋯."
"얘들아, ○○이 몰카 유포됐대. ㅠㅠ 어떡해⋯. 불쌍해⋯."
"쟤 맞지?"
피해자가 더욱 피해자일 수 있게 피해자 옆에서 쉬지도 않고 피해 자가 피해자임을 각인시켜 주는 음식물쓰레기에 뒤엉켜 들끓는 구 더기 같은 새끼들아.
재미있냐? 웃겨?
피해자들은 매분 매초 생사를 넘나드는데, 웃어?
천벌은 너희 같은 쓰레기들한테 내리라고 있는 거다.
피해자 주변에서 알짱대지 말고 사라져.

몰카 대처법

첫째, 안 찍어야지, 병신아.

내가 오늘은 몰카를 찍고 싶다는 역겨운 뻘이 단전에서부터 올라오는 게 느껴진다면 자진해서 네 손발을 묶고 아무 콘크리트 바닥에 대가리를 찧어라. 죽어도 괜찮다.

둘째, 어떤 변태 새끼가 남 똥오줌 누는 거 몰래 처 찍는데, 우리는 그걸 알아낼 재간이 없다.

일일이 똥오줌 누는 몰카 영상을 다 뒤져서 찾아낼 수도 없고, 공공장소마다 몰카 유무를 확인할 수도 없는 노릇이다. 하지만 혹시 발견했다면 두려워 말고 즉각 경찰에 신고하도록 해라. 남 똥오줌 누는 거 처 찍다가 인생 아주 골로 간다는 걸 보여줄 필요가 있다.

초범이야 이런 이유, 저런 이유를 핑계로 별 처벌은 받지 않겠지만, 그 새끼가 한 사람만 찍었을 리는 만무하다.

본인이 영상 속 피해자가 아니더라도 보이는 즉각 신고해라. 경미한 처벌이라도 처벌은 처벌이다.

두 번이 되고, 세 번이 되면 가중처벌이라는 무거운 제도가 기다리고 있으니 말이다.

셋째, 성관계 영상을 몰래 촬영하거나 합의하에 찍었다고 한들,

유출한 새끼들도 마찬가지로 우리가 수시로 확인하지 않는 이상 역시 알아낼 재간은 없다.

발견했다 하더라도 신고 외엔 방법이 없는 것도 사실이다.

대한민국에 얼마나 몰카 영상이 많아졌으면 일명 '인터넷장의사'라는 특정 프로그램을 이용해 해당 영상이 업로드될 때마다 삭제해주는 업체가 우후죽순 생겨나고 있는 실정이다.

근데 이게 또 문제가 뭐냐, 몰카&유출된 영상을 삭제해주는 척 모아뒀다가 도리어 피해자에게 협박해 돈을 뜯어내는 행위를 일삼는 혁신적인 새끼들도 생겨났다는 거다.

아주 엿 같은 경제 원리라고 볼 수 있다.

〈성폭력범죄의 처벌 등에 관한 특례법 제14조(카메라 등을 이용한 촬영)〉

① 카메라나 그 밖에 이와 유사한 기능을 갖춘 기계장치를 이용하여 성적 욕망 또는 수치심을 유발할 수 있는 사람의 신체를 촬영대상자의 의사에 반하여 촬영한 자는 5년 이하의 징역 또는 3,000만 원 이하의 벌금에 처한다(개정 2018. 12. 18).

② 제1항에 따른 촬영물 또는 복제물(복제물의 복제물을 포함한다. 이하 이 항에서 같다)을 반포 · 판매 · 임대 · 제공 또는 공공연하게 전시 · 상영(이하 "반포 등"이라 한다)한 자 또는 제1항의 촬영이 촬영 당시에는 촬영대상자의 의사에

반하지 아니한 경우에도 사후에 그 촬영물 또는 복제물을 촬영대상자의 의사에 반하여 반포 등을 한 자는 5년 이하의 징역 또는 3,000만 원 이하의 벌금에 처한다(개정 2018. 12. 18).

③ 영리를 목적으로 촬영대상자의 의사에 반하여 「정보통신망 이용촉진 및 정보보호 등에 관한 법률」 제2조제1항제1호의 정보통신망(이하 "정보통신망"이라 한다)을 이용하여 제2항의 죄를 범한 자는 7년 이하의 징역에 처한다(개정 2018. 12. 18).

자, 지금부터 잘 들어라.

그럼 뭐 죽으란 소리냐?
네가 죽긴 왜 죽어, 네가 뭘 잘못했는데?

가해자가 영상 가지고 협박하면 지레 겁부터 먹고 빌빌거리지 말고, 그놈이 지금 하고 있는 이야기들을 녹음 또는 캡처하고 있다고 선포해라.
가해자가 유출했다면 경찰에 신고부터 해야지, 죽을 생각부터 하지 말란 말이야. 인생 아직 안 끝났다.
네가 정신적으로 힘들다면 정신과를 찾아가고, 신체적으로 힘들다면 잠깐 쉬어가도 좋다.

그렇지만 네 인생을 포기하진 마라. 부탁이다.

피해자가 꼭 두려움에 떨어야 피해자가 아니고, 피해를 입었다고
해서 꼭 인생을 포기해야만 피해자가 아니다.

뭐? 당당하자니 걸리는 게 많아?
성관계를 했고, 촬영에 동의했고, 자의든 타의든 영상 노출에 부주
의했고?

내 말 똑똑히 들어.
네가 피해를 입기까지 완전무결하지 않아도 돼.
넌 그냥 피해자야. 깊게 생각하지 말란 말이다.
당당해지는 데 이유가 어디 있고, 피해자가 피해자답게 행동해야
할 이유가 어디 있냐.
피해를 입은 건 입은 거고, 당당해지는 건 당당해지는 거야.

우연히라도 가해자를 보면 "이 새끼야, 니가 왜 여기 있어" 하며 바
로 뺑대기 한 대 처바를 수 있는 깡다구를 가지면 더 좋고.
웬만하면 아무것도 생각하지 말고 오로지 너 자신에게만 집중하도
록. 그게 최고의 대처법이다. 명심해라.

당당하게 살아서 나 아직 건재하다는 걸 보여줘야지.

가해자 편

크게는 성관계하는 장면부터 시작해서, 작게는 남 똥오줌 누는 것까지 처 찍어대며 야동을 야동에서 그치지 않고 기어코 메가폰까지 들어야 직성이 풀리는 호기심으로 아주 아인슈타인 뺨을 처 올려버리는 이 희대의 관음증 정신병자 새끼들아.

으이구-. 아주 눈까리 18mm 초소형 카메라 렌즈로 처 갈아 끼워서 완판치로 개박살을 내야 정신을 차리지.

시발 거, 카메라는 또 어디서 처 구하는지 기가 막히게 구해 와서는 귀신같이 처 숨겨놓고 실시간으로 잘도 처 보더라.

야 이 새끼야. 노력이 가상하다, 새끼야.

어지간하면 노벨 노력가상상이라도 처 만들어서 노려보지, 왜?

유출해대는 새끼들도 마찬가지다.

"쟤도 같이 즐겼어요."

"쟤도 동의했는데요?"

참 시발, 말 같지도 않은 말 지껄이면서 피해자한테 책임을 전가해가며 요리조리 잘 처 빠져나가려고 하는데, 너 이 개새끼야. 아가리 한 번만 더 떼면 죽여버린다.

'촬영'에 동의한 거지, '유출'에 동의한 게 아니잖아. 한글 몰라, 새끼야? 한글? '나랏말싸미 듕귁에 달아' 이 시팔아, 한글도 처 못 뗀 제1모국어도 제대로 못 깨친 대가리 후달리는 새끼들이 뭔 시발 말이 이렇게 많아?

니가 안 찍고 안 퍼뜨리면 될 일을, 굳이굳이 처 찍고 처 퍼뜨려서 일을 참 어렵게 만드는 병신 같은 재주가 있다.

야.
동영상 그거 가지고 있으면 니가 뭐라도 되는 것 같지?
피해자 명줄이라도 쥐고 있는 양 쾌감이 막 느껴지고 그래?
잣 까지마, 새끼야.

한두 번 피해자 동영상 유출시켜서 피해자 인생 엿 되는 꼴 보고 나니 사람 하나 매장시키는 건 일도 아닌 것 같지?
니가 뭔 대단한 권력이라도 쥐고 있는 양 처 까부는데.

착각하지 마라.

궁극적으로 잣 되는 건 너야, 이 새끼야.

내가 장담하는데 넌 늙어 뒤질 때까지 동정표 하나 못 받고 니 가족과 주변 사람들한테 멸시나 받으면서 평생 관음증 변태성욕자 새끼 소리나 처 들으면서 생을 마감하게 될 거다.

자네들은 너무 설쳤어.

나는 불법 몰카 동영상 다운로드 가해자다

겨우 너 같은 같잖은 것 하나 때문에 기어코 피해자가 이 세상과 작별을 해도 유작, 유작 거리면서 조의를 표하는 척, 피해자 영상 불법 다운로드 해서 눈 뻘게지도록 감상하며 신들린 듯이 자위나 해대는 냄새나는 버러지 같은 너 같은 새끼들도 마찬가지야.

벌레 꼬인 죽은 짐승이나 탐하는 하이에나 같은 이 미친 더러운 사이코패스 같은 새끼들아. 니 그 생각머리 없는 손놀림이 반드시 인과응보가 되어 너한테 돌아가길 간절히 빌고 또 빈다.

야동

자, 야동이란 무엇이냐. 야한 동영상의 줄임말이다.

남녀노소를 불문하고 야동을 안 보는 사람은 없다. 몰라서 못 보는 경우와 보면 안 된다고 교육받아서 보지 않는 경우를 제외하고는 말이다.

"어우~ 그런 걸 왜 봐~."
"흉측하게…."
"난 야동 같은 거 안 봐."

이걸 확─ 그냥.

"나 잠 그런 거 안 자요."
"나 밥 그런 거 안 먹어요."

이 소리랑 똑같다.
인간의 기본적인 욕구일 뿐이다.

왜 성욕만 더러운 거고 잘못된 일인지 모르겠네, 나 참.

전혀 이상한 행동도 잘못된 행동도 아니니
신경 쓰지 말고 하던 일 마저 해라.

아, 신경 써야 할 일은 따로 있지.

합법적인 포르노, 즉 우리가 봐도 불법적이지 않은 야동은 누구나 볼 수 있
지만, 불법적인 포르노는 절대 생산해서도 보아서도 안 된다.

가장 기본적인 상식이다.
무조건 쳐 외워라.

일단 대한민국은 포르노 생산 자체가 금지된 국가다.
일명 국산 야동이라고 올라오는 수많은 야동은 전부 몰카(몰래카메라)나 연인
간 성관계 영상을 유출시킨 범죄 동영상(리벤지 포르노)뿐이다.

기어코 이 동영상을 봐야 직성이 풀리는 새끼들이 있다면, 조만간 포돌이
가 친히 널 잡으러 갈 테니 딱 대기 타고 있어라.
실제로 포르노 제작업자들이 외국에 나가서 포르노를 제작해서 동영상을

유통하다가 구속된 사례도 많다.

지금 그들이 어떻게 살고 있는지 똑똑히 알고 학교(죄 많은 학생들만 받는 학교 말이다)가서 삼시세끼 건강식 먹고 싶지 않으면 정신 차려라.

이런 이야기 듣고, 핵심은 까먹고 또 '그래, 그런 선조의 위대한 유물이 있다고'라고 되뇌면서 얼른 검색에 들어가는 잡것들이 꼭 있다. 손모가지 무사히 보존하고 싶으면 당장 스톱해라. IP 추적 들어가기 전에.

니까짓 것한테는 한순간의 유희였을 뿐이겠지만, 장난으로 던진 돌에 개구리는 맞아 죽듯, 그 영상 속 인물들을 니가 손수 한 명 한 명 인격살인을 한 것과 진배없다.

그 순간의 욕구를 못 참아서,

잘 처 다니던 직장 잘리고 집구석에서 개돼지 취급받으며 사돈의 팔촌까지 니가 리벤지 포르노를 처 보면서 헉헉대는 꼬라지를 돌아가면서 보시고는 통곡의 눈물을 흘리는 꼴을 봐야 니가 정신을 차리지.

카아아아악-테일. 이 18!

그 외 나라에서 금하고 있는 소아성애(교복, 아동)를 다룬 포르노나 기타 야동들도 마찬가지다.

생긴 건 멀쩡하게 생긴 새끼들이 집구석에서 야동만 틀었다 하면 눈깔이 돌아서 환장을 해대니 사리판단이 잘 안 되는 모양인데.

너 이 새끼 그러다 깜빵 가, 새끼야.

정신 좀 차리고 살자, 샵 새끼야.

스토킹&
데이트폭력

"나만큼 널 이해하는 사람은 없어."
"그러니? 법도 널 이해하는지 볼까?"

이유 불문, 사랑이라는 감투를 뒤집어쓰고
상대방에게 불안감과 공포감을 조성시키는 행위들을
일삼는 것을 일컫는 말이다.

스토킹은 상대방의 개인정보를 알아내고,

사생활을 감시하고,

끊임없는 집착으로

상대방의 일상을 흔들어놓는

비열하고 추잡스럽기 짝이 없는

명백한 범죄행위다.

16장 시작한다.

책 펴라, 책

사랑이라는 이유로
모든 행위가 정당화되지 않는다

———

스토킹

스토킹을 짝사랑과 착각하지 마라.

스토킹은 범죄다.

지속적이고 끈질긴 연락부터 시작해서 도청, 도촬, 무단 가택침입 기타 등등.

다가갈 용기도 없고, 뭣도 없는 새끼가 범죄 저지를 용기 정도는 처 있는지 대담하기가 아주 이를 데 없다.

심지어는 상대방과 교제 중이라고 착각하는 또라이 새끼들도 있다. 짝사랑은 상대방을 존중하는 마음이 있지만, 스토킹하는 새끼들은 그런 마음 자체가 없는 새끼들이다.

지가 좋으면 범죄고 나발이고 그런 거 상관없이 상대방한테 사랑 대신 트라우마만 심어주고, 트라우마에 시달리는 피해자를 보며 희열을 느끼는 희대의 밥버러지 같은 새끼들.

저 따위 것들에 열과 성을 다할 시간과 용기가 있으면
정상적인 사고로 정상적인 범위 내에서 정상적으로 다가가라.
이 미친 새끼들아.

〈경범죄 처벌법 제3조제41호(지속적인 괴롭힘)〉

상대방의 명시적 의사에 반하여 지속적으로 접근을 시도하여 면회 또는 교제를
요구하거나 지켜보기, 따라다니기, 잠복하여 기다리기 등의 행위를 반복하여
하는 사람

이를 스토킹 행위로 보고 처벌하도록 하고 있다. 스토킹 행위가 폭행이나 협박,
주거침입, 주거 및 신체수색, 명예훼손, 모욕, 강요 등을 동반한다면 형법에 따
라 처벌할 수 있다.

데이트폭력

자, 데이트폭력이란 무엇이냐.
연인 간 언어적 · 신체적 폭력과 더불어 성적 폭력을 일삼는 행위를
통칭해 데이트폭력이라 칭한다.

데이트폭력은 형사범죄로 폭행 · 상해죄, 강간 및 강제 추행, 성범죄 등 다양한 범죄로 문제가 될 수 있다. 폭행죄의 경우 사람의 신체에 대해 폭행을 가한 자는 2년 이하의 징역 및 500만 원 이하의 벌금 또는 구류 및 과료에 처해진다. 상해죄의 경우 사람의 신체를 상해한 자는 7년 이하의 징역 및 10년 이하의 자격정지 또는 1,000만 원 이하의 벌금에 처해진다. 2018년부터 3진 아웃제도가 시행되고 있는데, 데이트폭행을 3회 이상 저지른 가해자에게는 공소 제기가 가능하며, 피해와 정도가 심하다면 2회만으로 기소가 가능하다.

이런 개 호루라기 같은 새끼들은 처음은 가볍게 집착과 구속으로 시작한다.

상대방 부모님도 터치하지 않는 귀가 시간, 인간관계, 일상 통제 따위를 스스럼없이 행하며, 하루 24시간도 모자라는지 상대방 똥 싸는 시간과 똥을 몇 분 몇 초간 싸는지까지 알려고 드는 게 문제다.

이 정신병자 새끼들은 이러한 증상이 심해지면 점점 지 잣대로 되질 않으니 상대방을 강제로라도 묶어두고 싶어서 각종 폭력을 행사하는 거다.
잘 들어라. 이건 사랑이 아니라 정신병이다.

어떤 미친 새끼가 사랑하는 사람을 사정없이 패나?
어떤 호로 새끼가 사랑하는 사람을 괴롭게 만드나? 어?

바람 피웠다고 뒤지게 패거나 무릎을 꿇려서 혼을 낸다거나
대가리를 빡빡 밀어버리는 행위 등등.

사랑하면 믿음과 신뢰가 바탕이 돼야지, 상대방이 믿음과 신뢰를
저버렸다고 생각되면 그만 만나면 되는 거야, 인마.
어디 남의 집 귀한 자식을 개 패듯이 패냐 말이다.

부모도 자식이 성년이 되면 사생활을 보호해주고 자립할 수 있게끔
도와주는데 니가 뭔데, 새끼야.
뭔데 처 건방지게 감히 상대방의 일거수일투족을 구속하고 통제하
려 드냐 이 말이야.

가정교육을 로켓배송으로 처 받았나. 정신 차려, 이 개새끼야.
상대가 쳐 죽일 짓을 하면 헤어지면 그만이고, 상대가 의심스러우
면 헤어지면 그만이다.
폭력은 어떠한 경우에서도 용서가 안 된다.
대가리 딱 박고 명심해라.

이런 정신병자 새끼들과 교제 중인 사람도 잘 들어라.

'상대방이 날 너무 사랑해서 그런 걸 거야.'
'나만 참으면 돼.'
'내가 상대방의 신뢰를 저버려서 그래.'

어디서 말 같지도 않은 소릴 하고 있어, 이 18.
네 부모님이 널 너무나 사랑한다고 해서 널 죽일 듯이 패고 네 일상
을 속속들이 감시하시겠냐?
정신 차려라. 세상 어디에도 그딴 엿 같은 사랑은 없다.

누누이 얘기한다.

정신 똑바로 차리고 잘 새겨들어라.

니가 어떤 의심 살 행동을 했고, 어떤 쳐 죽일 짓을 했는지는 논외다.
상대방이 정상적인 사람이라면 두 말 없이 이별을 고했겠지, 저 미
친 새끼처럼 두들겨 패고 강간하고 구속하는 게 아니라.

혼자만 끙끙 앓으면서 그 미친 새끼와 관계를 이어나가려고 쳐 애

쓰지 말고, 겁내지도 말고!

주변 어른들께 빨리 알리고 조치를 취해라.

PART

4

아직, 궁금해하고 있을 너희들에게

성상식
오류사전
Q&A편

"헛소리하지 말고 내 말 똑바로 들어!"

산부인과에는
여성만 출입할 수 있나요?

Ⓐ 특수한 경우(성병 검사 혹은 자궁경부암 예방 접종 등)를 제외한 나머지 경우에는 남성은 해당 장기(자궁)가 없기 때문에 굳이 '내원'은 할 필요 없다. 하지만 '출입'은 얼마든지 가능하니까 괜히 부엌에 가면 고추 떨어지는 것 마냥, 산부인과에 가면 마치 성전환이라도 될 것 같은 말 같지도 않은 공포감으로 같이 안 간다고 바락바락 힘 빼지 말고 같이 처가라.

 산부인과는 기혼 여성만 출입할 수 있나요? 미혼인 여성은 출입을 자제하는 것이 맞는 건가요?

A 이 새끼는 산부인과를 진짜 부인만 갈 수 있는 줄 아네. 산부인과는 순결 유무나 혼인 유무 따위의 기준으로 들락날락 하는 곳이 아니라 그냥 '아프면' 가는 곳이다. 병원이 왜 있겠냐? 그 썩어 문드러진 정신머리를 국가적인 차원에서 원천징수해야 정신을 차리지. 으휴~.

생리 기간엔 산부인과 진료를 받을 수 없나요?

A 진료가 불가능한 건 아니다. 증상에 따라 다르긴 하지만 부인과 질병으로 병원에 내원했다면 대체로 기구를 통해 자궁 내부를 검사하게 되는데, 이때 생리혈이 검사에 방해가 될 수 있다. 그러니 정확한 검사로 제대로 된 검사결과를 받으려면 가급적 생리 기간이 끝난 뒤 내원하는 것이 좋다.

청소년이 산부인과에 내원하면
이상하게 생각하나요?

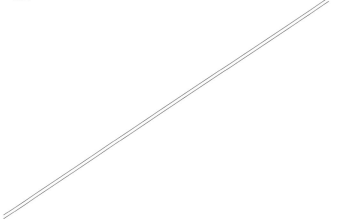

A 청소년은 사람 아니냐? 사람이 아파서 병원을 가는데 그 어느

누가 이상하게 생각하냐. 참 18~ 진짜. 혹시 그런 미친 새끼들

이 있으면 대가리 속 때가 쏙 빠지게 비트(세제 이름입니다)해줘라.

신부인과에 자주 가면
헤픈 여자라던데, 맞나요?

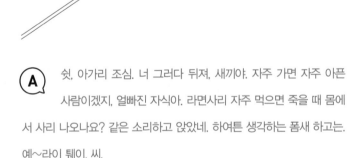

A 쉿, 아가리 조심. 너 그러다 뒤져, 새끼야. 자주 가면 자주 아픈 사람이겠지, 얼빠진 자식아. 라면사리 자주 먹으면 죽을 때 몸에서 사리 나오나요? 같은 소리하고 앉았네. 하여튼 생각하는 폼새 하고는. 예~라이 퉤이, 씨.

신부인과에서 성관계 유무는
왜 물어보는 건가요?
숨기고 싶은데 그래도 되나요?

A 있잖아, 얘야. '진료 목적'으로 물어보는 의료인들을 제외하고 네가 내원할 그 병원 어느 누구도 네가 성관계를 했는지 안 했는지 따위를 궁금해하지 않는단다. 정신 차려, 인마. 성관계 경험이 없으면 질 초음파를 할 수 없고, 복부 초음파나 항문을 통한 초음파만 가능하며, 성관계 경험이 있으면 질 초음파만으로도 검사가 가능하다. 뿐만 아니라, 성관계 유무에 따라 네가 걸릴 수 있는 질병이 천차만별이니 정 숨기고 싶으면 숨겨도 되지만, 검사와 치료에 제한이 따른다는 점 명심하길 바란다.

비뇨기과에는
남성만 출입할 수 있나요?

Ⓐ 산부인과는 임신과 출산에 해당되는 '산과', 기타 자궁 질병에 해당되는 '부인과'로 나뉘어 있지만, 신장과 방광 그리고 요도 관련 질병을 담당하는 비뇨기과는 남녀 출입의 제한은 없다. 흔히들 발병하는 방광염, 요도염 등은 고민하지 말고 남녀노소를 불문하고 비뇨기과로 내원하도록.

비뇨기과는 포경수술을 하거나
성기를 크게 만드는 곳이 맞나요?

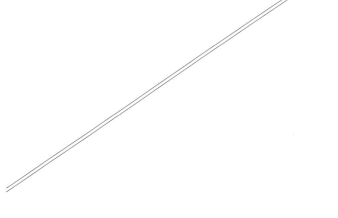

A 그래. 얘야. 네가 어렸을 적 돈까스 먹으러 갔던 그곳이 맞단다.

그런데 요즘은 비뇨기과에서 성기 성형도 해준다더라. 뿐만 아

니라, 각종 남성 성기 질환을 '주'로 다루고 있으니 겉껍데기 모양새보단

내실을 더 다져야 하지 않겠니. 병원은 그런 곳이란다.

남자들이 성매매를 성병 걸리면
가는 곳이 비뇨기과 맞나요?

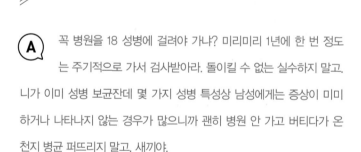

(A) 꼭 병원을 18 성병에 걸려야 가냐? 미리미리 1년에 한 번 정도
는 주기적으로 가서 검사받아라. 돌이킬 수 없는 실수하지 말고.
니가 이미 성병 보균잔데 몇 가지 성병 특성상 남성에게는 증상이 미미
하거나 나타나지 않는 경우가 많으니까 괜히 병원 안 가고 버티다가 온
천지 병균 퍼뜨리지 말고, 새끼야.

비뇨기과에 가면 비아그라
처방해주나요?

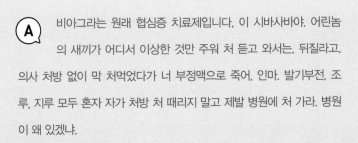

Ⓐ 비아그라는 원래 협심증 치료제입니다. 이 시바사바야. 어린놈
의 새끼가 어디서 이상한 것만 주워 처 듣고 와서는, 뒈질라고.
의사 처방 없이 막 처먹었다가 너 부정맥으로 죽어, 인마. 발기부전, 조
루, 지루 모두 혼자 자가 처방 처 때리지 말고 제발 병원에 처 가라. 병원
이 왜 있겠냐.

제 친구가 야매로 성기 확대
수술을 받았는데 병원에 안 가고
야매를 해도 괜찮을까요?

A 으이구~. 이 머리만 검은 짐승 새끼야. 꼭 이런 새끼들이 구르

는 재주는 좋은지 주사기는 어디서 또 처 구해 와서는 약국에서

사온 약 3,000원짜리 바셀린 한 통을 전부 주사기에 꾹꾹 처 눌러 담아

서 어디가 어딘지도 모르고 성기에 막 갖다 쑤셔 넣더라. 그러다 피눈물

을 줄줄 처 흘려봐야 정신 차리지. 병원이 왜 있고, 의사가 왜 있냐, 이 새

끼야. 니가 의사야 인마? 성기 썩어 문드러져 새끼야. 정신 차려라.

추신!

산부인과와 비뇨기과 내원을 망설이는 모든 분에게

그까짓 뭣도 아닌 시선이 두렵다고 병 키우지 마세요.
잘못된 상식으로 민간요법, 자가 처방하지 마세요.
병은 의사에게, 약은 약사에게.

피스-.

왜 자꾸 포경수술을 하라고 하죠?
하는 게 좋은가요?

A 자연 포경이 되는 경우와 되지 않는 경우가 있다. 대부분 관리의 문제인데 자연 포경이 되지 않는 경우, 어렸을 때 포경을 해야 관리가 용이하다는 이유로 빠르면 신생아 때부터 강제 포경을 시킬 정도로 많이들 포경수술을 권하고 있다. 그런데 아직 포경수술을 하지 않았다면 생식기의 성장 과정을 지켜보고 결정해도 늦지 않다. 선택은 네 몫이다(여성도 마찬가지로 비대해진 음핵표피, 음핵, 소음순, 대음순으로 인해 감염이 자주 일어난다면 해당 부위의 일부를 제거하는 여성 포경수술을 할 수 있다).

포경과 노포경의
차이가 무엇인가요?

(A) 귀두를 덮고 있는 음경포피를 제거해서 귀두를 보이게 하는 것

이 포경, 그대로 두는 것이 노포경이다. 아직 포경수술을 하지

않았다면 감염 예방과 청결 관리를 위해 포피를 뒤로 잡아당겨서 귀두지

(귀두 아래에 생기는 물질)를 주기적으로 제거할 것.

남자는 소변을 본 뒤 꼭 털어야 하나요?

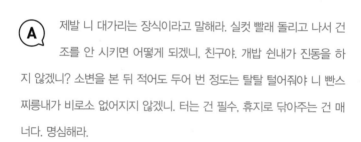

A 제발 니 대가리는 장식이라고 말해라. 실컷 빨래 돌리고 나서 건조를 안 시키면 어떻게 되겠니, 친구야. 개밥 쉰내가 진동을 하지 않겠니? 소변을 본 뒤 적어도 두어 번 정도는 탈탈 털어줘야 니 빤스 찌릉내가 비로소 없어지지 않겠니. 터는 건 필수, 휴지로 닦아주는 건 매너다. 명심해라.

남자는 대변을 볼 때 소변을 같이 볼 수 있나요?

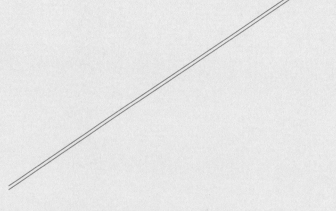

(A) 당연하지, 등신아. 남성의 성기는 24시간 발기가 되어 있지 않

으므로 성기만 내리면 대변과 소변을 동시다발로 볼 수 있단다.

얘야.

모든 여자가 오르가슴을 느낄 수 있나요?

A 모든 여자가 오르가슴을 느낄 순 없다. 전 세계적으로도 '진짜' 오르가슴을 느낀 여성이 몇 퍼센트 안 된다. 타고난 신체적 감각과 기술이 받쳐주지 않는 이상 오르가슴에 도달할 가능성은 거의 없다고 보면 된다. 단, 여성이 오르가슴을 느끼지 못했다고 해서 만족스럽지 않은 성관계를 했다고 볼 수는 없다. 얼마나 많은 언어적 교감과 신체적 교감, 그리고 정신적 교감을 이뤄냈는지가 성관계 만족 유무를 결정짓는다. 거 되도 않는 테크닉 늘릴 생각만 처 하지 말고, 진심 어린 교감에나 신경 써라.

 25세까지 성관계를 못 하면
마법사로 전직할 수 있다던데
사실인가요?

 아가리 닫게, 마법사 양반.

남성도 첫 성관계 시
통증을 느끼나요?

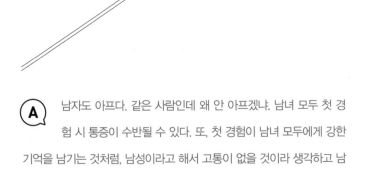

Ⓐ 남자도 아프다. 같은 사람인데 왜 안 아프겠냐. 남녀 모두 첫 경
험 시 통증이 수반될 수 있다. 또, 첫 경험이 남녀 모두에게 강한
기억을 남기는 것처럼, 남성이라고 해서 고통이 없을 것이라 생각하고 남
성의 첫 경험을 우습게 여기는 오류는 범하지 마라.

속궁합이 너무 안 맞아요. 이성친구 혹은 배우자와 상의해도 될까요?

A 거 개 짖는 소리 좀 안 나게 하라. 당연히 상의해야지, 인마. 한쪽은 불감증이고, 한쪽은 조루야. 이게, 이게 되겠냐? 사람 새끼면 노력이란 걸 좀 해라. 터놓고 얘기를 해야 기능이 문제면 병원 치료를 권유하든, 감각의 문제면 신체 탐구를 하든 할 거 아니야. 부끄러워서, 밝히는 사람으로 인식될까 봐 할 말도 똑바로 못 하고 등신처럼 입 꾹 다물고 있으면 어떤 한가한 새끼가 뿅~ 하고 나타나서 대신 해결해주냐?

남자와 여자는 성관계 시 오르가슴에 도달하는 시간이 다르다던데 어느 쪽에 맞춰야 하나요?

Ⓐ 자, 잘 들어. 공식이다. 이해는 필요 없다. 무조건 암기해라.

"여자는 오르가슴에 도달하기까지 상당한 시간이 필요하고, 남자는 사정하기까지 짧은 시간이 소요된다."

상호 만족스러운 성관계를 원한다면 남성이 여성에게 맞추는 게 맞다. 과정은 필요 없고 그저 욕구 해소만 하면 장땡이라는 정신머리 자체가 섯다 판인 새끼들이 아닌 이상 이해했을 거라 믿는다.

오르가슴은 삽입으로만
느낄 수 있나요?

(A) 땡! 틀렸습니다. 사람마다 오르가슴을 느끼는 경로는 다 다르다. 삽입을 통해서만 오르가슴을 느끼는 사람이 있는가 하면, 삽입만 하면 짜게 식어버리는 사람도 있다. 어디 동네 양아치 새끼들이 헛짓거리하는 것만 주워 처 듣고 와서는 애무는 눈 깜짝할 새 처 끝내버리고 삽입 시간만 있는 힘껏 쥐어 짜내서 처 늘려 보려고 용쓰는 새끼들은 대가리 박고 반성해라. 어떤 곳이 어떻게 좋고 싫은지, 상대방의 몸을 확실히게 탐구하거나 상대방에게 물어본 후에 시도해라.

청소년도 숙박업소
출입을 할 수 있나요?

(A) 우리 청소년들이 사랑을 나눌 길이 없어 무작정 참기만 하거나,

더럽고 음습한 곳에서 비위생적인 성행위를 행하고 있는 것에

대해서는 참 유감입니다만, 안타깝게도 불가능합니다. 콘돔은 되는데 숙

박업소는 안 된다니 이게 뭔 개소린가 싶겠지만, 청소년들의 탈선 및 사

건사고 방지를 위해 법으로 금하고 있으니 주의를 바랍니다.

나의 성감대는
어떻게 알 수 있나요?

A 본인 스스로 나만의 탐구 시간을 가지면서 터득하거나, 상대방
의 애무를 통해 차차 알아갈 수 있으니 너무 걱정하지 마라. 모
두가 느끼는 성감대라고 해서 아무 감흥도 없는 부위를 성감대인 것 마
냥 연기할 필요 없다. 상대방과 충분한 대화를 나누면서 만족, 불만족을
나누면 된다.

야동을 보면서
성관계를 하는 것이 정상인가요?

Ⓐ 다양한 체위를 학습하기 위해, 더욱 만족스러운 성행위를 위해 함께 야동을 시청하며 성관계를 하는 행위는 지극히 정상이다. 다만 염려스러운 것은 야동을 보지 않으면 성행위가 불가능해지는 지경에까지 이르는 것이다. 야동을 시청해야만 흥분이 되는 본인의 취향을 상대방에게 강요하거나, 야동을 시청하지 않으면 성기능이 제대로 작동되지 않는 상태라면 정상이 아니라 그냥 변태성욕자일 뿐이다. 그러니 본인이 해당 상태에 이르렀다면 지금 당장 대가리를 박고 한 발 올리고 반성하도록!

성병이 있으면 성관계를 하면 안 되나요?

(A) 우와~. 정신머리를 가출시키다 못해 더 높이 쳐 보내서 하느님
이랑 동기 동창 먹는 소리 쳐 하고 있네. 둘 중 한 명이라도 성병
이 있으면 당연히 상대방에게 전염될 수 있으며, 둘 다 성병이 있어서 병
원 치료를 받고 있는 상태에서도 지속적으로 성관계를 한다면 병원 치료
는 아무 의미가 없습니다. 이 새끼야. 이건 완전히 미친 새낀가?

다 큰 자녀와의 스킨십은
어느 선까지 허용되나요?

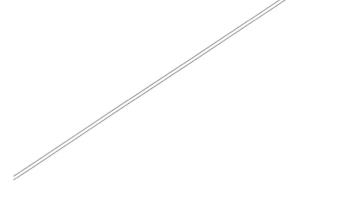

Ⓐ 다 큰 자녀가 불쾌해하지 않는 선까지 허용됩니다.

자녀에게 부모의 알몸을 보여주는 것이 좋은가요, 보여주지 않는 것이 좋은가요?

(A) 자녀가 이차 성징이 오기 전까지는 보여주는 것이 좋고, 이차 성 징이 오면 보여주지 않는 것이 좋습니다. 너무 감추기만 하면 자 녀가 다 자라서 남성의 신체는 어떤지, 여성의 신체는 어떤지 전혀 인지 하지 못하는 사태가 발생합니다. 더러는 난생 처음 보는 남성 혹은 여성 의 신체를 보고 더럽거나 혐오스러운 것으로 잘못 인지하는 경우도 종종 생깁니다. 하지만 너무 보여주는 것도 자녀의 정신건강상 해로울 수 있으 니 자중해주세요.

아빠엄마도 쉬쉬하는 진짜 성교육

다루기 어려운 주제다. 그렇다고 당장 내 눈앞에 아른거리는 문제를 모른 척 피할 수는 없지 않은가.

많은 부모가 자녀를 대상으로 하는 성교육에 쉬쉬한다는 것을 알고 있다. 성에 관련된 모든 것은 어른들만의 세계, 그들만의 리그로 치부하며 결혼을 하기 전까진 내 자녀가 성에 대해 너무 눈을 뜨지 않길 바라는 마음으로 말이다.

자녀가 성에 대해 물으면, "엄마한테 물어봐", "아빠한테 물어봐"로 일관하는 우리네 부모님들의 교육 방식 덕택에 21세기 자라나는 자녀들이 많은 고초를 겪고 있었고, 겪고 있고, 겪을 것이다.

이제는 다르다.
이제는 바뀌어야 한다.
바뀔 수 있다고 믿는다.

성교육, 그리고 성 인식. 이것을 쓸 수 있다는 것에 대해 얼마나 큰 감사함을 느낌과 동시에 이 책을 읽을 독자들과 함께 고민하고, 연구한다는 생각으로 얼마나 마음이 분주하고 벅찼는지 모른다.

더 이상 헤매지 않기를,

더 이상 무지하지 않기를,

더 이상 다치지 않기를 바라면서….

전국에 계신 아버님, 어머님들.

우리 자녀들이 보다 더 건강하고 성숙한 성생활을 할 수 있도록 도

와주십시오. 아버님, 어머님의 말씀 한마디, 한마디에 자녀들이 울

고 웃습니다. 헤매는 아이에겐 안내를, 무지한 아이에겐 가르침을,

다친 아이에겐 따뜻한 손길을 건네주시기 바랍니다.

"밝은 땅에서 저마다 불리게 될 각자의 '성별'이자,

어둔 하늘을 비출 하나의 '별 성(星)'이 될 너희들에게

이 책을 바친다."

이상.